世界闻名的海盗

SHIJIE WENMING DE
HAIDAO

武鹏程
编著

图说海洋
TUSHUO HAIYANG

世界之大，无奇不有
世界之奇，尽在海洋

海洋出版社
北京

图书在版编目(CIP)数据

世界闻名的海盗 / 武鹏程编著. — 北京：海洋出版社，2025.1. — ISBN 978–7–5210–1401–3

Ⅰ.D59–49

中国国家版本馆CIP数据核字第2024CT4586号

图说海洋

世界闻名的
海盗
SHIJIE WENMING DE
HAIDAO

总 策 划：刘 斌	总 编 室：(010) 62100034
责任编辑：刘 斌	网　　址：www.oceanpress.com.cn
责任印制：安 淼	承　　印：侨友印刷（河北）有限公司
排　　版：海洋计算机图书输出中心　申彪	版　　次：2025年1月第1版
出版发行：海洋出版社	2025年1月第1次印刷
地　　址：北京市海淀区大慧寺路8号	开　　本：787mm×1092mm　1/16
100081	印　　张：10
经　　销：新华书店	字　　数：180千字
发 行 部：(010) 62100090	定　　价：59.00元

本书如有印、装质量问题可与发行部调换

前 言

　　看过电影《加勒比海盗》的观众无不为其中绚丽的人物场景、海盗们自由追逐财富的梦想而倾倒，想必更想了解历史上真实的海盗：他们是否有杰克船长那样的洒脱；海盗国是否真有伊丽莎白那样的美女；是否真的存在"不老泉"那样的宝藏？

　　翻开海盗的历史，人们惊奇发现：原来英国、荷兰等西方国家的海军与海盗有着非常紧密的联系；来自北欧的维京海盗曾令整个欧洲感到恐惧；有些海盗不爱金钱，他们更爱探索与冒险，格陵兰岛、德雷克海峡……这些新大陆由他们发现；让人更想不到的是东方海盗，居然能成为国家的君主。

　　海盗的生活，有刺激也有浪漫，有自由也有挑战。他们中有下场凄惨的基德船长，也有安享晚年的亨利·埃弗里；有凶狠暴戾的"黑胡子"爱德华·蒂奇，也有风度翩翩的"黑色准男爵"巴沙洛缪·罗伯茨……时光虽已远去，可这些大海盗的名字却永远留在了人类航海史中。

　　本书收集了世界上一些著名的海盗的故事，请跟随本书一起，徜徉文字再现的惊险故事，跟随海盗的人生起伏，寻找自己心中实至名归的海盗王。

目录

地中海海盗

存在于"米诺斯之牛"中的海盗　塔拉索克拉基 …… 2
海盗的印迹：毕达哥利翁　波利克拉特斯 …… 4
海上萨拉丁　巴巴罗萨·海雷丁 …… 7
马耳他之围　德拉古特 …… 11

欧洲海盗

海盗国王　哈拉尔德 …… 16
巴黎保卫战　西格弗雷德 …… 20
发现格陵兰岛　红发埃里克 …… 23
建造诺曼底公国的海盗　罗洛 …… 27
残暴的海盗　"无骨者"伊瓦尔 …… 31
西班牙火女郎　卡塔琳娜 …… 33
追求乌托邦王国的海盗　詹姆斯·米松 …… 35
公主海盗　阿尔夫希尔斯 …… 38
沃德船长和彩虹号　杰克·沃德 …… 39
海上罗宾汉　克劳乌斯·施特尔特·贝克尔 …… 41
海盗君主　克努特一世 …… 45

2

加勒比海盗

白棉布杰克　约翰·莱克汉姆 …………………… 48
爱上女海盗的女海盗　安妮·邦尼 ………………… 49
勇敢的女海盗"战士"　玛丽·里德 ……………… 51
海盗作家　亚历山大·埃斯奎默林 ………………… 53
杀人如麻的海盗　弗索瓦斯·洛 …………………… 55
爱尔兰海盗女王　格雷斯·欧玛蕾 ………………… 57
奇怪的海盗船长　斯蒂德·邦尼特 ………………… 60
"黑色笑话"船长　贝尼托·德索托 ……………… 62
黑色准男爵　巴沙洛缪·罗伯茨 …………………… 64
残暴者　亨利·摩根 ………………………………… 68
皇家海盗　弗朗西斯·德雷克 ……………………… 71
无旗海盗　简·拉斐特 ……………………………… 74
功成身退的海盗　亨利·埃弗里 …………………… 75
海盗探险家　威廉·丹皮尔 ………………………… 77
利马宝藏的知情者　威廉·汤普森 ………………… 78
英吉利海峡凶残的母狮　贝利维夫人 ……………… 81
救命"酒坛"的漂流　埃尔·波图格斯 …………… 83
女王的宠臣　约翰·霍金斯 ………………………… 85
黑胡子海盗　爱德华·蒂奇 ………………………… 88
基德船长　威廉·基德 ……………………………… 91
海盗王子黑萨姆　萨姆·贝拉米 …………………… 94
拿着书本的海盗船长　沃尔特·雷利 ……………… 96
科科斯岛的黄金宝藏　爱德华·戴维斯 …………… 100
黑牧师　尤斯塔斯 …………………………………… 102
劫掠维京人的海盗　乌尼波尔 ……………………… 104
可怕的海盗　公牛迪克西 …………………………… 105

3

阿拉伯海盗

声名赫赫的海盗首领　蒂皮·蒂普 …………… 108
巴巴里海盗联盟的领袖　贾恩·詹森祖 …………… 111
海盗王朝的继承者　哈桑·帕夏 …………… 114
红胡子巴巴罗萨　阿鲁吉 …………… 115

印度洋海盗

海盗中的达·伽马　托马斯·图 …………… 120
大嘴巴　穆罕默德·阿布迪·哈桑 …………… 122
合法身份下的海盗　罗伯特·絮库夫 …………… 124

东亚海盗

最早见于文献记录的海盗　张伯路 …………… 126
香港海盗　张保仔 …………… 128
世界十大海盗中唯一的中国海盗　郑一嫂 …………… 131
五峰船主　王直 …………… 134
国际"倒爷"　林道乾 …………… 137
第一个攻击西方殖民地的中国海盗　林凤 …………… 141
金云翘传　徐海 …………… 143
爱看古迹保护文物的海盗　黎盛 …………… 146
岛寇作乱　大奚山徐绍镤 …………… 147
山东海盗扰辽东　张清 …………… 148
反对舶司开展对外贸易　陈明甫 …………… 149
元代海漕航运开拓者　朱清 …………… 151
有史以来悬赏最高的海盗　陈祖义 …………… 153

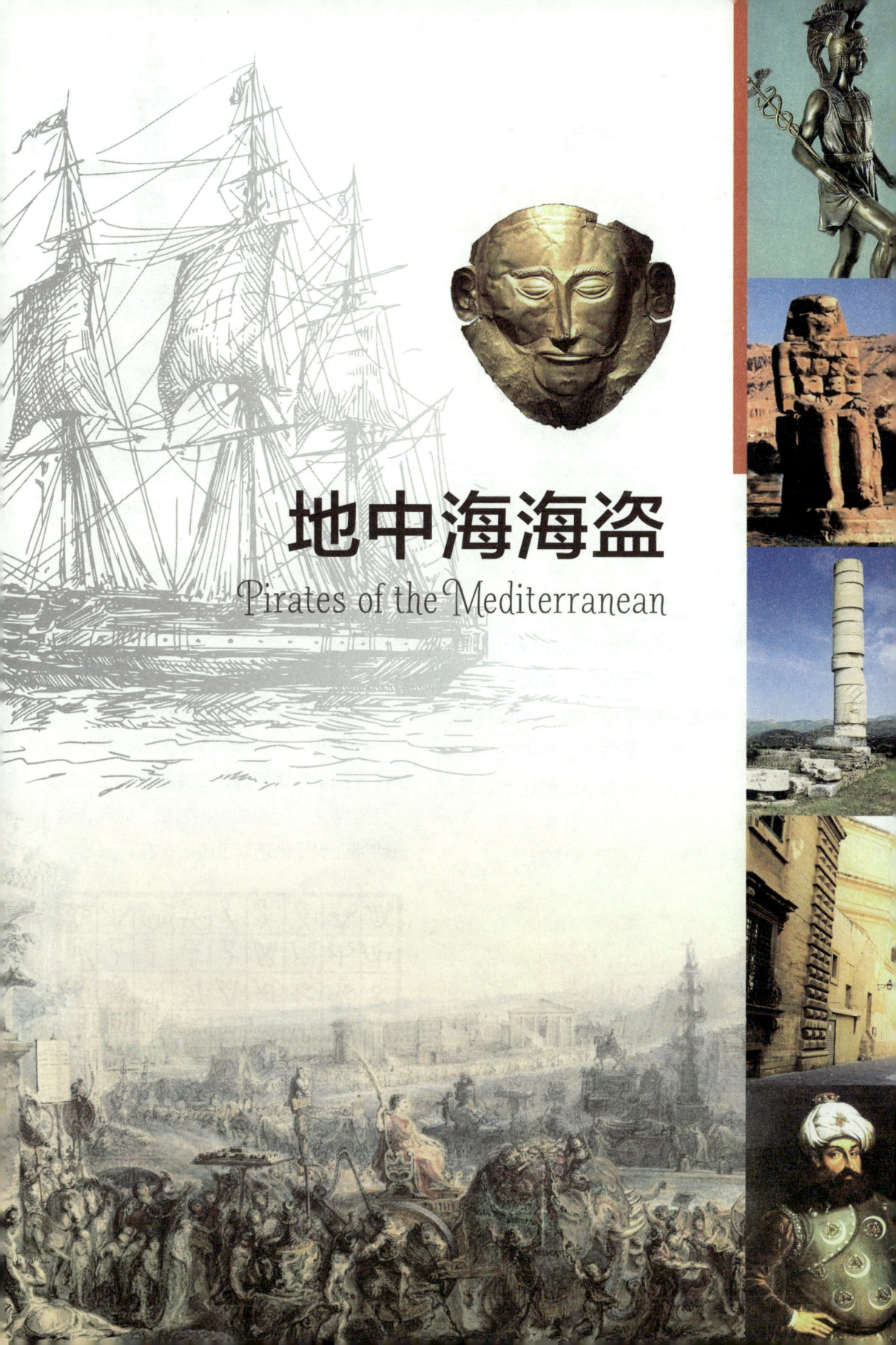

地中海海盜

Pirates of the Mediterranean

图说海洋 世界闻名的海盗

存在于"米诺斯之牛"中的海盗
塔拉索克拉基

克里特岛因"米诺斯之牛"而闻名世界,当希腊文明走进铁器时代,贸易极速发展,造船业使爱琴海沿岸繁荣起来,这也吸引了海盗的注意。

克里特岛位于爱琴海最南面、地中海中部、欧亚非三大洲之间。它是爱琴海上最大的岛屿,著名的米诺斯文明就诞生于此处。

▲ [米诺斯的工艺品]

"米诺斯之牛"

据希腊神话中记载,在很久以前,米诺斯国王为了巩固自己在海上的霸主地位,许诺送给海神波塞冬一头美丽的公牛,后来却因为公牛长相太美而食言反悔。波塞冬一怒之下,便让米诺斯的王妃爱上了这头公牛,并生下了一个牛头人身的怪物,人称"米诺斯之牛"。

在人们看来,关于米诺斯的传说比《荷马史诗》中的特洛伊战争更加令人难以置信。

"海上之王"的米诺斯王国

1900年,英国考古学家阿瑟·伊文斯主持发掘了米诺斯城,在克里特岛上发现了克里特文明时期的大型宫殿、城邦,这一切都证明了米诺斯王国的存在。

▲ [米诺斯的线形文字]

2　地中海海盗

▲ [米诺斯迷宫遗址]

米诺斯迷宫遗址，为了保护文物，如今展出的许多壁画多为仿制品。

公元前1700年至公元前1450年是克里特文明的繁荣时期，米诺斯王朝不仅统治克里特岛，还包括基克拉迪斯群岛。米诺斯王国之所以如此繁荣昌盛，是由于其优越的地理位置使之成为地中海贸易的中心。一方面，造铁技术飞速发展，迅速提升了造船业的水平；另一方面，米诺斯王朝首都克诺索斯有8万人，加上海港共有10万人以上。如此繁华的城市，不可能不引起海盗的注意。为此，被誉为"海上之王"的米诺斯国王组建了一支规模庞大、装备正规的海军。在这支强大的海军面前，游寇一般的海盗不堪一击，盛行一时的古希腊海盗遭受到了有史以来最沉重的打击。

> 克诺索斯有一位伟大的雅典艺术家、雕塑家及建筑师德达鲁斯，他为国王米诺斯修建了一座著名的迷宫，这就是米诺斯王宫，宫中通道交错，无论谁只要一走进去，就再也找不到出口。

"塔拉索克拉基"

米诺斯国王本身就是海盗出身，对海盗的方方面面都十分熟悉，他一方面从事海盗业，另一方面为了维护自身利益，镇压海盗，他总是能够击中海盗的要害，再加上舰队的帮忙，当时的海盗对米诺斯国王是既惊又惧，闻风丧胆。经过多年的血拼厮杀，米诺斯国王终于称雄爱琴海，成了一方霸主。爱琴海诸岛的小邦国、部落纷纷向米诺斯国王称臣，雅典也得向他纳贡。海盗活动也被他狠狠地压了下去。为了防止海盗活动再次猖獗，他甚至明令出海的船只乘员不得超过5人。因此，人们把米诺斯国王称为"塔拉索克拉基"，即"海上统治者"或"海之王"。只是在这位雄霸四方的统治者死后，海盗活动又肆无忌惮地泛滥起来。

传奇与英雄史诗

在古希腊那个遥远的年代，因为土地的贫乏，以及临海而居的便利，古希腊人把"下海"寻求生计的男子称为"海盗"，它并不是一个贬义词，反而包含着荣耀的意味。无论是《荷马史诗》，还是其他古希腊神话，它们都影射了古希腊城邦时代的历史真相。通过对这些珍贵史料的研究，古代地中海文明重现在我们面前。那是一个海盗盛行的时代，海盗们在大肆掠夺的同时，也书写了一个时代的传奇与英雄史诗。

地中海海盗 | 3

图说海洋 世界闻名的海盗

[萨摩斯岛毕达哥利翁古城遗址]
这里有许多公共建筑物、一架水陆桥、几间罗马浴室、下水道系统、神殿和庙宇、一个市场、几间居民房和一个体育健身室。

海盗的印迹：毕达哥利翁
波利克拉特斯

爱琴海上有众多的小岛，在为古代航海提供方便的同时也为海盗提供了有利条件。在当时的爱琴海地区，亦商亦盗的现象非常普遍。萨摩斯岛的波利克拉特斯就是这样一个古希腊的僭主，明面上他组织自己的船队进行海上贸易，暗地里却不时干着海盗的勾当，一旦瞄准时机，他的商业船队就变成了海盗舰队，疯狂地从事海上劫掠。

波利克拉特斯是古希腊一个著名的僭主，是公元前6世纪萨摩斯岛的统治者（大约前538年开始统治，前522年去世）。

波利克拉特斯平息兄弟纷争

波利克拉特斯有两个非常精明强干的哥哥，在同外族人的争斗中，他们占领了萨摩斯岛，但很快他们就为了各自的利益反目成仇。就在他们战斗的节骨眼上，波利克拉特斯乘机杀死了其中一个兄弟，而另一个兄弟则被他驱逐出岛。

波利克拉特斯暗中干着海盗的勾当

当时的爱琴海，亦商亦盗的现象非常普遍。波利克拉特斯就是其中的代表人物之一。表面上，他尊重法律，乐善好施，慷慨大方，利用自己的商业船队

4　地中海海盗

> 毕达哥利翁原名"蒂加尼",为纪念诞生在岛上的著名数学家、哲学家毕达哥拉斯,蒂加尼改名为"毕达哥利翁"。它是一个古老的要塞,有着希腊和罗马建筑以及壮观的隧道和高架渠,后来逐步发展为古希腊时代萨摩斯的中心城市。

▲ [萨摩斯隧道遗址]

在古希腊工程中,萨摩斯隧道在很长的时间里鲜为人知,或许是因为该隧道建于地下而被人们遗忘了。直到19世纪,它才重新被发现。大约在公元前525年,萨摩斯隧道建于希腊的萨摩斯岛上。隧道有1040米长,直径为2米,穿过一座达100米之长的山坡。

循规蹈矩地从事海上贸易,暗地却贪得无厌,千方百计为自己聚敛钱财,不时干着海盗的勾当,一旦瞄准时机,他的商业船队就变成了军事舰队,疯狂地利用良好的武器装备从事海上劫掠。当碰到有的商船难以下手时,他便向过往的船征收沉重的贡税。

波利克拉特斯把萨摩斯岛上的权力统统集中在自己手里,仗着自己拥有一支由百艘舰船组成的庞大舰队,在爱琴海上横冲直撞,令所有过往的海船望风而逃。

建造了萨摩斯隧道

作为萨摩斯岛的统治者,波利克拉特斯的野心和抱负最为突出的表现,就是下令建造了如今成为希腊历史遗产一部分的萨摩斯隧道。古代希腊的地理概念远比今天广泛,它包括希腊半岛、爱琴海诸岛、小亚细亚西部沿海地区、爱奥尼亚群岛四个部分。

当时在波利克拉特斯的城市围墙内没有水井。他清楚地意识到,如果自己的城市遭到攻击,他将无法抵挡。于是波利克拉特斯命令开凿一条隧道,将水从山的另一侧引到自己的首府。

波利克拉特斯认为,在他的城市受到敌人围攻时隧道将能挽救城市。但是这只有在远处的隧道入口加以隐蔽并严守秘密的情况下才行得通。一旦敌人知道了隧道入口,他们就能切断供水,并利用通道作为入侵之路。公元前439年,雅典人正是这样攻击并洗劫了波利克拉特斯的城市。如今,人们仍然可以参观萨摩斯隧道,它几乎保存完好。

波利克拉特斯的统治

波利克拉特斯属于富裕的工商业奴隶主阶层,从自身利益出发,更是竭力推行有利于工商业奴隶主的政策。为了把更多的平民吸引到自己城市的周围,他在萨摩斯岛修建了许多宏伟的建筑物,

地中海海盗

图说海洋 世界闻名的海盗

[萨摩斯岛-赫拉神庙遗址]

在希腊神话中,萨摩斯岛是赫拉的出生地。赫拉神庙在历史上修建过多次:
第一座神庙修建于约公元前750年,在约公元前670年时因洪水被毁,之后神庙很快得到重建。
第三座神庙则修建于公元前570年,规模远超过之前的神庙,但在公元前540年时被毁。
第四座神殿最后未能完成。现在赫拉神庙仅留有一根柱子。

最有名的是雄伟壮丽的赫拉神庙和供全城用水的纵横交错的水道,这位僭主因此闻名全希腊。

因他提倡文艺,还被艺术家和诗人誉为恩主。波利克拉特斯命人雕刻了一尊名为"KanÉn"的塑像,以此作为人体艺术的摹本。他组建了拥有百艘军舰的半商半海盗式的舰队,称雄于东爱琴海并敢于和波斯抗衡,从而提高了萨摩斯的政治地位。

被活活折磨致死

波利克拉特斯的独裁统治并不长久,公元前522年,波斯的一个行省总督奥罗特斯担心波利克拉特斯管理的萨摩斯富裕和强大后,会对其统治构成威胁,便设法把波利克拉特斯诱骗到了土耳其西部的玛格尼西亚,然后把他钉在十字架上,将其活活折磨致死。

波利克拉特斯在世之时,爱琴海上的许多海盗不敢与之对抗,纷纷流窜到别的地方行盗。直到他死后,这些人又杀将回来,地中海东部的海盗活动又活跃起来。而萨摩斯也日渐衰微,不久便落入波斯手中。

海上萨拉丁
巴巴罗萨·海雷丁

巴巴罗萨·海雷丁原是希腊人，天纵奇才，虽是海盗，却能保卫自己的国家，在大海上与敌人厮杀一生，且没有被打败过。

▲ [巴巴罗萨·海雷丁]

海雷丁是一个知名的海盗王，虽然身为海盗，但却始终坚信真理。他专抢基督教国家的船只，他为了保卫自己的国家，在大海上与敌人厮杀一生且没有被打败过。他让时代记住了这个名字：海雷丁。他所一手创造的时代，是一个属于大海盗的时代。

兄弟四人各自发展

海雷丁生于1478年，一共有兄弟四人，他们的父亲是陶工，虽然做着与海洋关系不大的营生，但家里却买了一艘船，当然也只是为了运货之用。兄弟四人逐渐长大后，就未来的职业进行了分配：老大以撒克继承了父亲的衣钵，没有出海；老二阿鲁吉和最小的伊拉亚斯结成一伙，海雷丁则自起炉灶。兄弟三人虽然并未一起发展，但都是从水手做起，转而成了海盗，从事私掠活动，与罗德岛上的圣约翰骑士团分庭抗礼。阿鲁吉两人主要活动于叙利亚、安纳托利亚和埃及等地，海雷丁则在爱琴海发展。

获得北非苏丹准许的海盗行为

兄弟三人的海盗事业进行得风生水起，在一次从的黎波里返回黎巴嫩的途中，阿鲁吉的船队遭到圣约翰骑士团的攻击，结果弟弟伊拉亚斯战死，他本人则受伤被俘，并被关押在位于博德鲁姆的监狱里，海雷丁得知消息后，前去救

地中海海盗

图说海洋 世界闻名的海盗

1538年，率领土耳其帝国舰队的海雷丁和意大利与西班牙联合舰队在雅典附近的海域展开了激战。结果意大利和西班牙联合舰队全灭。

从此没有人能够阻止海雷丁在地中海的势力了，这个时候是海雷丁最辉煌的年代，历史上称作"大海盗时代"。

◀ [巴巴罗萨兄弟]

出了哥哥。

之后的海盗生涯，阿鲁吉先后获得了土耳其王子和马穆鲁克苏丹的赏识并获得船只支持。1503年，他与兄弟海雷丁合伙行事，获得北非苏丹的准许，以拉古莱特港口作为基地进行海盗活动，所得的三分之一归苏丹所有。

各路海盗纷纷加入，阿鲁吉成为新一代苏丹

因为他们专门抢劫基督教货船，不少来自教皇领地的船遭了殃，甚至有军舰也被他们俘虏，上面满载着来自阿拉贡的380名西班牙士兵和60名骑士；随后，他们又袭击了意大利的卡拉布里亚海岸，这些成就让他们名声大噪，许多有名和没名的海盗以及伊斯兰海盗纷纷加入其麾下。

也许是看着兄弟的海盗生意太红火了，老大以撒克也于1509年赶来投奔，兄弟三人在1510—1516年间，多次与西班牙军队发生冲突，并从他们手中夺取了吉杰利和阿尔及尔，同时也赶走了这里原来的统治者，成为了阿尔及尔一带真正的统治者，阿鲁吉成为新一代苏丹。

投靠奥斯曼土耳其帝国

阿鲁吉明白，单靠他们兄弟几个是无法长期与西班牙对抗的，他们需要一个强大的靠山。于是，他选择了奥斯曼土耳其帝国。

这成为他们事业的转折点，1517年，阿鲁吉废除了自己的苏丹称号，并将阿

8 | 地中海海盗

> 海雷丁的墓位于博斯普鲁斯海峡的金角湾。每一艘经过此处的土耳其船只都会降帆鸣号，向他致敬。这是世界海盗史上空前绝后的殊荣。

地中海海盗

尔及尔奉送给谢利姆一世。土耳其苏丹接受了这份礼物，将阿尔及尔设为行省，任命阿鲁吉为当地长官并统领西地中海的海事，同时为他提供军事物资。有了强大支持的阿鲁吉，更加猖狂地抢夺西班牙人的船只。

海雷丁继承了哥哥的财富及事业

西班牙人命令特莱姆森和奥兰的军队由陆路进攻阿鲁吉，但遭到失败，而且特莱姆森也落入了阿鲁吉的手中。盛怒之下的西班牙人，于1518年5月派出一万多军队并联合当地的贝多因人再次发起了更猛烈的进攻，阿鲁吉与哥哥以撒克率领1500名土耳其人及5000名摩尔人在特莱姆森抵抗了20天，最终不敌被杀。从此，海雷丁继承了哥哥的财富及事业，包括巴巴罗萨这个名字。

继续进犯西班牙

1529年5月，海雷丁攻下了阿尔及

地中海海盗 | 9

尔港外佩农岛上的西班牙城堡，彻底控制了整个阿尔及尔港口。同年8月，他攻击了西班牙的地中海沿岸并连续七次帮助7万名摩里斯科人从安达卢西亚逃脱。

> 海平面上的怒吼从何而来？是不是巴巴罗萨的船队正在返航，从突尼斯、阿尔及尔或者什么岛上？两百艘船只乘风破浪，岸上升起新月灯光。哦，被祝福的船只，你们从哪片海洋来航？
>
> ——巴巴罗萨·海雷丁墓前的诗歌

成为土耳其的海军元帅

当时西班牙想要夺回阿尔及尔，结果去讨伐海雷丁的西班牙舰队几乎全军覆灭，西班牙为了保存实力便放弃了阿尔及尔。之后海雷丁在阿尔及尔建立了可以媲美国家的海盗舰队，奥斯曼大帝对海雷丁的表现很满意，他任命海雷丁为奥斯曼土耳其的海军元帅、北非的首席长官，罗德岛、埃维厄岛、希俄斯岛也归他管理。

海雷丁不断地蚕食

从1539年的夏天开始，海雷丁不断地蚕食、骚扰威尼斯的领土，迫使其在1540年10月与奥斯曼土耳其签订和平协议，承认土耳其的领土获取并支付赔偿金，海雷丁不断带领他的军队东征西讨，成就他的英雄事迹。

海雷丁的一生，是英雄的一生。为了保卫自己的国家，在大海上与敌人厮杀一生，且没有败迹。他让时代记住了这个名字：海雷丁。他所一手创造的时代，是一个属于大海盗的时代。

▲ [巴巴罗萨·海雷丁雕像－伊斯坦布尔海军博物馆]

马耳他之围
德拉古特

地中海海盗

著名的马耳他海战，怎么都绕不开马耳他首都瓦莱塔，此城也叫"圣约翰骑士团之城"，"瓦莱塔"就是以当年指挥马耳他保卫战的骑士首领让·德拉·瓦莱塔的名字命名的。这个有着近500年历史的古老城市，始建之初是和十字军东征中的圣殿骑士团及大海盗德拉古特联系在一起的。

德拉古特出生在博德鲁姆附近的一个村庄，在亚洲的博德鲁姆半岛西部的小爱琴海岸。在他12岁的时候由于擅长使用长矛和箭的非凡天赋，他被奥斯曼军队征募并成为一名熟练的水手和优秀的射手，他还是一个训练有素的炮兵和攻城战的高手，这使德拉古特在后来成为了一个出色的海军战术家。

圣殿骑士团全名为"基督和所罗门圣殿的贫苦骑士团"，是中世纪天主教的军事组织，是著名的三大骑士团之一。其成员称为"圣殿骑士"，特征是白色长袍绘上红色十字。他们是十字军中最具战斗力的一群人。

▲ [瓦莱塔]

地中海海盗 | 11

拥有了一艘帆船

1517 年,德拉古特参加了在埃及的战争,土耳其大获全胜。后来德拉古特去了亚历山大市,加入了船队开始他的职业水手生涯。他很快成为海盗船上最受欢迎的船员。德拉古特很快掌握了航海技能,经过几次战役后,他成功地拥有了一艘帆船。

德拉古特将大炮安装在自己的帆船上,开始了在东地中海的抢劫,特别是针对在威尼斯航线上来往穿梭于爱琴群岛之间的商船。德拉古特很快就有了自己的小桨帆船队。1526 年,德拉古特被奥斯曼帝国任命守护西西里岛要塞。在 1526—1533 年间,他多次登陆西西里王国和那不勒斯王国的港口,拦截了在西班牙和意大利之间航行的船只,捕获了其中的许多船只。

▲ [马耳他城楼大炮]

圣殿骑士团被迫离开圣城耶路撒冷

1095—1291 年,西欧共发动了 8 次针对地中海东岸国家的远征,前后历时将近 200 年。圣殿骑士团在十字军东征中成立。1522 年,根据基督徒和伊斯兰教徒的协议,圣殿骑士团被迫离开圣城耶路撒冷。他们先是栖身于罗德岛,在被土耳其人赶走后,又陆续转到的黎波里等地。从 1530 年开始,他们移居并隐蔽在马耳他岛这个天然良港,土耳其人仍步步紧逼,圣殿骑士团和其积怨甚深,便不时地对土耳其人进行骚扰和袭击。

历史上的马耳他可谓多灾多难,由于其地理位置处于地中海的中心,扼大西洋通往地中海东部和印度洋海上交通要冲,自古以来为兵家必争之地。2000 多年以来,曾相继被腓尼基人、罗马人、阿拉伯人、诺曼人、西班牙人、圣约翰骑士、法国人、英国人等许多国家异族统治过。直到 1964 年,马耳他才获得独立。

▲ ["神秘岛"基督山]

在13世纪,本笃会的修道士在神秘岛上修建了圣玛密利安修道院,靠着几大家族的捐赠积累了巨大财富。1553年,德拉古特将修道院洗劫一空,据说他后来将抢来的财宝埋藏在岛上某个地方。也有传言说土耳其的红胡子海盗将多年来打劫到的不义之财也藏在了这座岛上。

这种不断的骚扰和袭击,也激怒了土耳其人。

出兵清剿圣殿骑士团

1565年,奥斯曼帝国决定对这股骑士团进行清剿。总共派出了约3万余人的军队,海盗舰队也奉命前去援助。奥斯曼帝国大军的统帅是彼阿里巴夏,海

[圣殿骑士团]

圣殿骑士团成立的初衷是为了保护朝圣者、圣地及耶路撒冷各个大要塞的安全。他们大多由基督教骑士组成,他们将苦行僧的戒律以及骑士的侠义精神合二为一,身穿锁环连成的盔甲,披着军服似的斗篷,看上去威风凛凛。他们的盾牌以黑和白来装饰,还有一个白底的红十字,骑士们用这个标志,提醒自己曾在上帝面前发过甘于贫穷的誓言。

盗舰队由德拉古特率领,约有数千名海盗。骑士团的首领是法国大公让·德拉·瓦莱塔,双方人数如此悬殊,看来骑士团注定要遭灭顶之灾了。

面对奥斯曼帝国的大举入侵,令所有人意外的是,当时守卫岛上的以瓦莱塔为首的圣殿骑士团的骑士们同岛上的居民一起奋起反抗,迎头痛击入侵者。激战中,圣殿骑士团的每一名骑士都拼尽全力,为骑士的荣誉而战。他们以一当十,与奥斯曼帝国军队进行了拼死的抵抗,双方战斗极其惨烈。

奥斯曼帝国的海军们惊呆了,就连视死如归的海盗,面对着个个有如神助的骑士们,也渐渐觉得有些"英雄气短"。战斗陷入僵持状态,双方竟无法分出胜负。

这时,奥斯曼帝国大军的统帅彼阿里巴夏命令德拉古特率领的海盗舰队去进攻马耳他岛上的一个要塞。德拉古特又一次低估了"骑士"的力量。要塞的守卫者誓与要塞同生死。海盗们围攻达6个月之久,仍然不能把要塞拿下。无奈之下,德拉古特不得不向奥斯曼帝国的统帅请求援助。然而,土耳其海军早已被瓦莱塔的守卫者所牵制,无法给海盗派来援军。眼看力量即将消耗殆尽,失去耐心的德拉古特冒险下令发起最后的进攻。为了保证胜利,他亲自到前线督战。意想不到的事发生了,他被炮弹击中而死。德拉古特的死使地中海所有的海盗丧失了斗志。

这一战成了欧洲历史上著名的战役——"马耳他之围"。

德拉古特虽然死了,但他被称为"所有时代最伟大的海盗勇士",无疑是地中海的无冕之王。

欧洲海盗

Pirates of Europe

图说海洋 — 世界闻名的海盗

[《维京传奇》剧照]

剑是维京人最为尊崇的兵器。在维京人看来，将家族的剑代代相传是一件极为重大的事情。如果一把剑在某次家族争斗中被某位伟大的战士或贵族使用过，该剑就具有更高的价值，人们认为这能使剑身充满特殊的力量。

海盗国王

哈拉尔德

身处寒冷而神秘的北欧地区，一群头戴兽角盔，身披兽皮，手执铁矛、铁剑的海盗，劈波斩浪，一路南下，大规模地袭扰和掠夺大西洋东岸地区，他们犹如幽灵一般，盘旋在法兰克王国沿海地区，这一群人被称为维京海盗。

北欧地区，一直被寒冷笼罩，有些人因为触犯法律不得不漂泊海上，成为海盗，靠抢劫为生。随着哈拉尔德帝国版图的增大，有组织的海盗船队靠着抢劫，不断成就着挪威国王金发王的野心。

10岁的哈拉尔德继承王位

根据挪威古代传说，挪威国王金发王哈拉尔德出身于皇室，其祖先在挪威历史上赫赫有名。他的父亲和祖父都是挪威历史上众多小王国中的国王。哈拉尔德的父亲"黑王"哈夫丹40岁去世时，留给他儿子金发王哈拉尔德一个很富裕

▶ [金发王哈拉尔德画像]

欧洲海盗

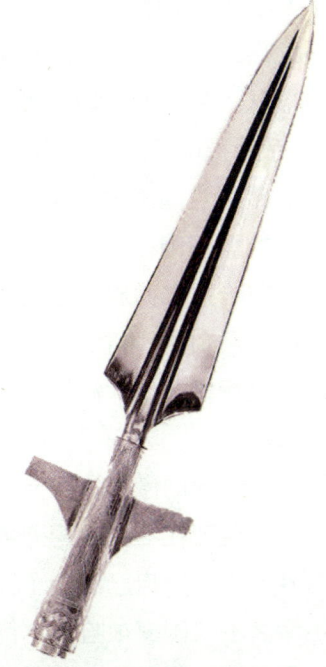

▲ [维京人使用的长矛]

▲ [《维京传奇》中的盾牌]

在维京人的作战战术里，特有的"维京盾墙"具有攻防两面作用，并且对于维京人来说，一面盾要比任何武器都要管用。盾牌由很厚的橡木板拼接而成，再用环形的金属或者兽皮包边，使得盾牌异常坚硬。

> 维京人泛指北欧海盗，他们从公元 8 世纪到 11 世纪一直侵扰欧洲沿海和英国岛屿，其足迹遍及从欧洲大陆至北极的广阔疆域，欧洲这一时期被称为"维京时期"。

的小王国。哈夫丹死后，10 岁的哈拉尔德继承王位，12 岁时亲政。

当上了国王的哈拉尔德，身边总是有众多勇士相陪。在他的宫廷中，既有为他出谋划策的老者，也有口若悬河的宫廷文人，以及形形色色的艺人和小丑。哈拉尔德对他身边的勇士们十分欣赏，对他们非常慷慨。从小在宫廷中长大的哈拉尔德，在刚开始登上王位时，并没有要统治整个挪威的野心。这种巨大的野心和后来的横征暴敛，是来自于他当时的未婚妻，一个名叫居达的女人。

订婚条件使他警醒

哈拉尔德长大后，听说在挪威西南海岸的霍达兰王国中，国王埃里克有个女儿名叫居达，长得美若天仙。于是哈拉尔德便派他手下的人去向居达求婚。没想到，傲慢的居达竟然拒绝了哈拉尔德的求婚，她对哈拉尔德派来的手下人说，她不愿意嫁给一个"仅仅统治尚不及一个郡大的小王国的国王"，接着又说，假如哈拉尔德想要娶她，必须等到"他为她统一了整个挪威之时"。

> 维京盾牌的典型尺寸是直径 81～91 厘米，也有个别大到约 94 厘米，最小的盾牌直径有 70 厘米。这样巨大的尺寸自然可以为战斗中的维京战士提供一个巨大的防护面积。
>
> 维京盾牌和罗马盾相比，维京盾呈圆形，这是因为维京战士和罗马战士的作战方式不同，罗马人靠的是投鞭断江的军团方式，而维京战士则崇尚个人武力。

欧洲海盗 | 17

哈拉尔德听了居达的条件后，沉思良久，竟然对手下宣布，他接受居达的条件，并对她充满感激之情。因为正是居达的拒绝使他警醒，让他想到了一个国王的职责和定要统治整个挪威的重任。哈拉尔德本是一位身材健美又爱修饰打扮的美男子，此时他竟发誓："在整个挪威被我统治之前，我将不再修饰打扮，也不再修剪我的头发。"

"海盗国王"

为了向傲慢的居达证明自己的实力，哈拉尔德不久之后就掀起了向北袭击的狂潮，向邻国发动了一次比一次猛烈的战争。

在战争中，哈拉尔德采取了海盗式的做法：凡是他的士兵经过的地方，都变成了血与火的战场，许多村庄成了荒野，邻国都称其为"海盗国王"。

征服北方之后，紧接着哈拉尔德率领着他的海盗舰队，又向西海岸大举进军。但峡湾为其敌手提供了一定的屏障，到最后竟然只有霍达兰国王埃里克（居达的父亲）和他的盟国仍在西南方顽强抵抗。但很快，在哈拉尔德旋风般的猛烈攻势下，那些最后负隅顽抗的人，也在斯塔万格附近进行的一场大海战中被全部歼灭。

任性的居达，以她的傲慢、狂妄和野心，为千千万万冤死在哈拉尔德刀剑之下的平民百姓，也为她自己制造了天大的灾难和不幸。不仅国家被哈拉尔德灭掉，而且她自己也未得善终，在娶她之前，哈拉尔德已经娶了好几个妻子。她被娶之后，必须与哈拉尔德的8个妻

▼ [维京海盗船－奥斯陆海盗博物馆]

▲ [冰岛维京船雕塑]

子平分国王的宠爱。后来，哈拉尔德为了迎娶一位丹麦公主，将居达和他的另外 8 个妻子全部抛弃。

哈拉尔德统一挪威

9 世纪末，哈拉尔德统一挪威，成为挪威国王，手中的权力达到巅峰。此时的哈拉尔德满脑子都是扩张的欲望和野心，并开始实施大规模的征服之旅。当然，哪里有压迫，哪里就有斗争，在他所袭击的地方，涌现出一批不甘逆来顺受的地方首领，那些地方首领为了摆脱他的控制，便带领自己的臣民向海外远航，向外拓殖，在荒无人烟的僻远之壤开拓移民区，建立殖民地。在这一过程中，成千上万的挪威人向苏格兰群岛、法罗群岛和冰岛迁移。

与此同时，从挪威、丹麦和瑞典的各民族中也涌现出一批冒险家，为了摆脱哈拉尔德的统治，追求那种无拘无束的生活，他们便开始疯狂地向外拓殖，成为令人恐惧的海盗。这一过程延续了一个世纪之久。这些令人畏惧的入侵者或拓殖者，有相当一部分是被像哈拉尔德这样的统治者从斯堪的纳维亚本土驱逐出来的。正如挪威的编年史所言："在那个年代，所有荒芜之地都成为移民区，北欧本土卷起一场巨大的风暴，并席卷向海洋，在风暴席卷的沿途或留下一片废墟，或带来新生。"

欧洲海盗 | 19

巴黎保卫战

西格弗雷德

西格弗雷德是丹麦维京人首领，885年，他率领大批丹麦维京人在夏天抢劫了鲁昂之后，乘船沿塞纳－马恩省河直驱巴黎，企图一举攻下法国首都。生死关头，法国军民奋起抵抗，开始了历史上著名的巴黎保卫战。

法兰克帝国已经今非昔比

公元814年，查理大帝去世后，路易一世继位，维京人开始向法兰克帝国北部中防守薄弱的地方发起了大规模进攻。后来，德国汉堡和法国鲁昂、图尔、沙特尔等地也陆续受到海盗们的抢掠。

到了秃头查理（查理二世）统治时期，他虽有良好的军事才能，但是主要精力却放在与兄弟们的斗争上，这使得海盗们的实力逐步壮大。845年3月海盗们在拉格纳·罗德布鲁克带领下占领了巴黎，秃头查理缴纳了价值为7000利弗尔的"丹麦金"后，

▲［维京海盗船纪念铜章］

维京人的龙头船与此前欧洲人常见的罗马式、希腊式船完全不同，当时的欧洲人只要一见到船首高昂着龙头，就知道是维京人来了。

◀［查理大帝青铜雕像］

查理大帝所建立的法兰克帝国是继罗马帝国之后欧洲大陆上最强大的帝国。

◀ [查理大帝扑克形象]

2014年2月4日，科学家宣布，1988年在亚琛大教堂发现的千年遗骨确实属于查理大帝。这是一个中国人不太熟悉而在西方却如雷贯耳的人物（在扑克牌中，身为红桃K的查理大帝）。他是西欧在西罗马帝国覆灭后的第一个"皇帝"，也被称为"欧洲之父"。

才让维京人离开，海盗们收下了秃头查理奉上的财物，也看清了曾经强大的法兰克帝国已经今非昔比。

海盗开始有了更大的目标

到了查理三世（胖子查理）执政时期，海盗开始有了更大的目标：拿下巴黎，沿塞纳河而上，直插法兰克的心脏。885年11月24日拂晓，当巴黎人从睡梦中醒来时，维京海盗已兵临城下。当时的巴黎市民无法知道到底来了多少海盗，他们能够看见的是那条宽阔的塞纳－马恩省河好像突然变成了水上森林，放眼望去，是像森林一样密密麻麻的桅杆。巴黎人后来才知道，率领这支海盗队伍的是丹麦维京人首领西格弗雷德。这些海盗大部分是丹麦人，也有其他地区的斯堪的纳维亚人。海盗们拥有700艘战船，共载来3万名维京战士。

巴黎当时并不是法兰克帝国的首都，却是重要的政治、军事、经济城镇。大主教曾经警告查理三世："失去了巴黎，你就失去了一切。"当时查理三世正在远征意大利，巴黎城内只有巴黎主教约斯兰和纽斯特里亚的伯爵奥多，带领200名骑士和少量士兵守卫。单凭这点兵力，在丹麦维京人眼里，根本不算什么。

但巴黎城里的市民反而变得异常团结和勇敢，纷纷表示誓与巴黎城共生死。海盗首领西格弗雷德并没有立即进攻，因为在他看来，生存远比死亡更有价值，而他们的主要目标不是来毁灭巴黎，而是来掠夺所需的物品。

巴黎人绝不会屈服

丹麦海盗们劫掠的主要目标是塞纳河上游一些富饶的乡村和城镇，于是西格弗雷德与约斯兰主教展开了谈判。西格弗雷德对约斯兰主教说道："你们只有200人守卫，我们有3万名勇士。看在上帝的份上，如果要想保护巴黎城，并保护信徒，就最好赶快屈服。"

约斯兰主教告诉西格弗雷德："巴黎人不但绝不会屈服，而且还肩负着阻止敌人前进的神圣使命。"

被拒绝后的海盗开始挥舞着弓箭、长矛向巴黎城冲来，他们将巨大的石块抛向城内。同时水陆并进，将巴黎城包

> 维京海盗对法兰克的侵扰从查理大帝时代就已经开始，并一直没有停息。骁勇善战的查理大帝自然对这些强盗恨之入骨，欲杀之而后快。查理大帝死后，他的儿子路易一世继承了帝国的统治权。在路易一世之后，帝国的土地划分给了他的三个儿子日耳曼人路易、秃头查理和洛塔尔分别管理。东、西法兰克王国分别成了以后的德国和法国，而东西部之间的区域则成了以后的意大利。

欧洲海盗 | 21

查理大帝的儿子路易一世一生都在坚持父亲的策略，因此海盗并未获得太多机会，当他死去后，海盗就重新活跃起来，而查理大帝的孙子们并没有像其祖父那样的英武，而且三人间还不断内讧，因此，海盗们才看到机会，在西格弗雷德的带领下，进军巴黎。

[查理三世]

性格懦弱的查理三世面临着来自北欧海盗的威胁，除了封爵安抚北欧首领之外，他并无任何有效的应对方针，以至于眼睁睁看着在罗洛的封地上，崛起强大的诺曼底公国。

围得水泄不通。而城墙上，勇敢的巴黎市民纷纷组织起来，加入了守城的战斗队伍。一时间，城下的海盗们血肉模糊，死伤无数，很多被烫伤或者身上着了火的海盗哀号着，直接跳入河中，河面上很快漂满了尸体。海盗们愤怒而恐惧地称巴黎城为"烤炉"。巴黎市民的伤亡也很大。夜晚来临，巴黎城内部分地区也被烧着，但堡垒中的巴黎市民仍然在顽强抵抗着敌军的进攻。

围困巴黎城

看到不能立刻攻破城门，西格弗雷德决定改变战术，不再强攻，而是在巴黎城外挖筑战壕，设置营地，开始围困巴黎城。就这样双方相持了差不多一年的时间，被围困的巴黎城内用人间地狱来形容也不为过。人们被饥饿折磨得不成人形，伤病和药品的缺乏最终导致了弥漫全城的大瘟疫，无数人因此丧命，约斯兰主教也未能幸免。

查理三世向海盗妥协

奥多伯爵多次向法兰克国王查理三世请求增援。而查理三世却选择与海盗们进行谈判，他允诺开放塞纳河，允许维京人自由地前往上游，而且另外支付给海盗们700磅黄金换取他们的撤军。海盗们同意了国王的条件，从巴黎城下撤军。浴血奋战的巴黎市民对于查理三世与维京海盗的交易非常气愤，他们觉得巴黎人巨大的牺牲被国王出卖了。

整个法兰克也认为国王的做法是懦夫行为。不久之后，法兰克人联合起来推翻了查理三世的统治。888年，奥多伯爵被巴黎人拥立为西法兰克王国的国王。对于海盗们来说，查理三世的倒台对他们的影响并不大，他们在继续寻找新的掠夺地。

▲ [维京人的长剑]

维京长剑铸造工艺复杂，威力巨大，可以轻易切开人的颅骨，或一剑直接砍下人的肢体。由于剑身较长，维京人把他们背在背上，时刻不离，即便睡觉时也要和长剑一起。

维京人会不断地告诉他的孩子长剑经历的战斗和杀死的敌人，这种家族的传承不仅继承了维京人的尚武传统，也造就了一柄柄充满传奇故事的维京神剑。

发现格陵兰岛
红发埃里克

欧洲海盗

格陵兰岛面积约为216.6万平方千米，岛上约有83%的面积被冰雪覆盖，10世纪末期，挪威人埃里克·瑟瓦尔德森因卷入几起谋杀事件被逐出冰岛，在放逐途中发现了该岛。或许是为了吸引更多的移民，埃里克将其命名为格陵兰岛，即"绿色的土地"，并在岛上建立了第一个北欧殖民地。

▲ ［格陵兰岛］
格陵兰岛是丹麦属地，全岛终年严寒，是典型的寒带气候，沿海地区夏季气温可达零度以上，内陆部分则终年冰冻。

埃里克·瑟瓦尔德森（950—1003年），出生于挪威罗加兰，是一名挪威维京探险家、海盗，外号"红发埃里克"。

出走冰岛

埃里克出生在挪威，小时候因为父亲犯了谋杀罪，他和家人被流放到冰岛。成年后，埃里克在一处农场安顿下来，并娶了一个信仰基督教的妻子，养育了4个孩子。他们这种田园般的生活维持

图说海洋 世界闻名的海盗

▲ [格陵兰岛石人雕像]

格陵兰岛四周全是海洋,关于海的传说很多,其中一个传说讲的是美丽的少女海德纳(海神)拒绝了同村猎人的求婚,当一个陌生的猎人出现后,她的父亲同意用鱼作为回报将她嫁给这个外来的猎人,父亲给了她安眠药并且告诉她让猎人带她去悬崖的鸟巢上,像变魔术一般,猎人幻化成一只大鸟,海德纳醒来后发现被鸟群包围。父亲试图去营救他,但这激怒了鸟神,引发了一场暴风雨。迫不得已,她的父亲孤注一掷将她投入了汪洋大海,她尝试依附在爱斯基摩小船逃生,却冻掉了手指,最终成为了大海的一部分。

了没有几年,埃里克的脾气越来越暴躁。他没有吸取父亲的教训,有一次因为一头牛与邻居打架,结果把邻居的儿子打死了,因此被驱逐出了冰岛。

发现格陵兰

公元 982 年,埃里克从冰岛起航,船从东到西绕格陵兰海岸航行,直到发现一处无冰的地点后,他才登陆。埃里克在那里住了 3 年多,他给这个地方取了一个好听的名字,叫做"绿色的土地"(即 Greenland,音同格陵兰),以便吸引更多的移民。埃里克于公元 985 年

▲ [格陵兰岛海象牙制品]

格陵兰岛曾是海象牙的关键来源地,海象牙被雕刻成诸如来自苏格兰著名的 12 世纪刘易斯棋子等奢侈品。

24 | 欧洲海盗

维京人的老家是挪威、瑞典和丹麦。他们和后代曾一度控制了大部分的波罗的海沿岸、俄罗斯的内陆、法国的诺曼底、英国、西西里、意大利南部和巴勒斯坦的部分地区。

回到冰岛，聚集了一批愿意移居格陵兰的维京人。其实格陵兰岛并不像它的名字那样充满着春意。那里气候严寒，冰雪茫茫，中部地区的最冷月平均温度为-47℃，绝对最低温度达到-70℃，是地球上仅次于南极洲的第二个"寒极"。

移民格陵兰

公元 986 年，红发埃里克率领一支由 25 艘船组成的远征队向格陵兰岛进发，结果只有载着 500 人的 14 艘船到达了布拉塔利德的聚居点。当幸存者挣扎着爬上格陵兰岛的海岸时，他们失望了，这里找不到铁矿，更谈不上有什么森林。维京人向来以不怕吃苦著名，但是当他们来到格陵兰岛之后，才知道什么叫度日如年。

坚持了 500 年

尽管这个格陵兰岛殖民地比冰岛大部分地区都更靠南，气候却更艰苦。格陵兰岛纬度太高，只有极少数土地上没有冰层，而影响格陵兰岛的洋流带来的则是刺骨冷风，还伴有大雾。寒风从北面带来浮冰，冰山常常封住峡湾，即便在夏季也是如此。最初，移民们选择定居的这片狭长的草地位于峡湾之上，正对着冰河。冰河定期流动，这常常会给他们的石屋和茅舍带来灾难。这里的夏季太短，因而根本不能考虑耕地和种粮。

▲ [努克大教堂]

努克大教堂的正式名称是"我们的救世主教堂"，是一座路德宗的木质建筑，建于 1849 年。作为一座宏伟的尖顶红色建筑，努克大教堂是格陵兰岛著名的地标。

欧洲海盗

图说海洋 世界闻名的海盗

▲ [格陵兰大学]

　　岛上几乎所有适合做农场的土地都被他们疯抢一空。只有鱼以及瘦弱的牛羊为他们提供肉和奶。而且岛上铁矿稀缺，木材不足，使得维京人很快陷入困境。

　　然而令人赞叹的是，即使在如此严酷的环境中，维京人依然坚持了500年，直到全球气候变化，格陵兰岛变得更加不适合人类居住，他们的后代才最终撤回了大陆。

　　难得的是埃里克的儿子莱夫·埃里克松继承了他父亲勇往直前的探险事业，他向浩瀚的、未知的海洋航进，早在哥伦布之前500年，莱夫·埃里克松已经驾驶维京人著名的龙头船驶向了美洲。成为第一位抵达美洲新大陆的维京人，写下了北欧海盗传奇中最精彩的篇章。

> 科学家们研究发现格陵兰岛形成于38亿年前，它的前身是海底大陆，由于大陆板块碰撞而形成，这一发现使得格陵兰岛成为了世界上最古老的岛屿。

建造诺曼底公国的海盗
罗洛

罗洛横行于法兰克北部海岸，由于其身材过于高大没有办法骑马，到任何地方都只能步行，因而经常被人称为"步行者罗洛"。在911年他强迫法国国王查理三世签订了《埃普特河畔圣克莱尔条约》，获封公爵并划定封地。

▲ [罗洛雕塑]

罗洛（约860—932年），挪威贵族罗格瓦尔的儿子。他长得四肢短粗，大腹便便，行动笨拙，好像粗蠢的工头一样，由于没有马匹能载得动他，到任何地方去都得步行，因此又有"步行者罗洛"之称。不过罗洛显然不像他的外表那样愚蠢和滑稽，他是一名称职的海盗，一个出色的海上掠夺者。

一个出色的海上掠夺者

在罗洛还很年轻的时候，他就开始率领自己的船队出国四处抢劫，收获丰厚。经过一段在国外的海盗生涯，他带着大批抢来的财物，情绪高昂地返回挪威，向别人炫耀自己的"战果"。这种公开的抢劫行为，让金发王哈拉尔德非常不快。虽然哈拉尔德也是海盗出身，但他当了国王，在公开场合总要顾忌一

诺曼底公爵一职是一个法国爵位称号，是法国国王查理三世（昏庸者）于911年与入侵并占据加来海峡一带的北欧诺曼人妥协而建立的，第一任公爵是诺曼人领袖罗洛。

欧洲海盗 | 27

些面子。因此，他不能容忍罗洛这样公开的海盗行为。于是金发王哈拉尔德下令："任何劫掠都必须服从于国家的指令，否则将受到最严酷的惩罚。"

被国王驱逐的罗洛逐渐成了海盗的首领

但是罗洛仍然为所欲为，毫不悔改。国王宣布像罗洛这样的海盗行为违背了法律，要将他驱逐出境。此时的罗洛看到自己在国王的面前已成了一个极不受欢迎的人，于是他离开了挪威，随着一群丹麦海盗乘船出没于苏格兰、英格兰、佛兰德和法国等地，到处攻城略地，烧杀抢掠。就这样在海盗队伍中混了二十多年后，由于他作战勇猛又有心计，渐渐成了海盗的首领。他手下的海盗队伍发展很快，兵力多达几十万人。

罗洛在法兰克福称帝

885年11月，罗洛在法兰克福称帝，罗洛成了当时丹麦维京人的首领。此后几年之间，以罗洛为首的丹麦维京人在法国沿海的大肆抢掠让查理三世大为头疼。他调动军队抵御罗洛的攻击，在夏尔特尔附近与罗洛作战。从表面上看，战争呈僵持状态，双方不分胜负。查理三世无法把罗洛率领的海盗军队驱逐出法国，只能接受他们存在的现实。

大约在10世纪初，罗洛率领维京人

▶ [诺曼底公爵城堡遗址]
始建于10世纪的公爵宫是早期诺曼底公爵的行宫，后来遭受过严重损坏，现在只能看到建筑体的断壁残垣。

《埃普特河畔圣克莱尔条约》是罗洛和查理三世签订的条约，约中规定了双方的统治区域和罗洛受封诺曼底公爵的称号，查理三世同时还将女儿吉赛尔嫁给罗洛，成为他众多妻子中的一员。

◀ [温莎古堡]

城堡位于英格兰东南部区域伯克郡温莎-梅登黑德皇家自治市镇温莎,早在威廉一世时建立(威廉一世为罗洛后裔),是现今世界上有人居住的城堡中最大的一个。

定居在法国北部的纽斯特里亚一带。那时的罗洛,已经成为赫赫有名的北欧首领,公然割据一方的统治者。至于这个年轻时如同工头般粗笨的挪威人是如何率领着一批丹麦海盗征服了这里的,历史上没有太多的记载。

查理三世与海盗首领罗洛双方妥协

公元911年,查理三世与海盗首领罗洛双方妥协,查理三世承认罗洛为其封臣,占有部分疆土。在查理三世与罗洛签订的协定中,把纽斯特里亚的部分地区划归给罗洛(即现在的诺曼底一带),并授予他诺曼底公爵的称号。在100年之内，允许这些海盗们在此地区遍设永久居民点。作为交换条件和对查理三世的回报，罗洛发誓信奉基督教，采用法语，放弃其海上骚扰行动，其军队也改为法兰克式的骑兵，不再从事海战。

此后，罗洛正式改变信仰，接受洗礼，成了法国国王属下合法的公爵。他部下的维京海盗不但成了诺曼底人，而且也成了耶稣基督旗帜下的骑士，这些人按照骑士的待遇，都得到了武器和马匹。现在"诺曼底"一词就源于定居那里的北欧人。

> 在维京人的文化中，所有人，包括孩子都应该承担工作。一旦新生的婴儿发现残疾，或者在很小的时候就出现了一些其他问题，他们会被立刻遗弃，大多冻死在北欧的皑皑白雪中。
>
> ―――
>
> 维京人非常擅长讲故事，并认为讲故事是全能的战争之神奥丁传给他们的一种天赋。在没有任何书写故事的方法和途径的情况下，维京说书人和吟游诗人还能记住许多史诗故事，通过这些故事，维京人确保他们宗教信仰和冒险历程的细节得以一代一代地传下去。

诺曼底公国发展

据说，当时有5000名维京人和当地法兰克人融合。罗洛本人也娶了一位高贵的伯爵的女儿波帕为妻。由于基督教的宽容政策，在诺曼底定居的北欧海盗大部分与罗洛一样，都娶了法兰克妇女为妻，并且改信基督教，他们还广设教会及隐修院，进行大量的宗教改革。尽管这些丹麦维京人拥护教廷，但同时也保留了当地的信仰自由传统。在政治上，他们在当地所建的政府，基本上袭用盎格鲁－撒克逊人的那一套制度。但在诺曼底人统治下，也有许多新政，如改用誓证法等，使教会机构及戒律方面日臻完善。归顺法国后，他们采纳了法兰克王国的封建制度，使诺曼底公国在11世纪时成为西欧封建制高度发展的国家之一。

值得一提的是，在接下来的几百年里，这些丹麦维京人后裔建立的诺曼底公国，派出的远征军英勇善战，相继征服了意大利南部和西西里以及英格兰、威尔士、苏格兰和爱尔兰，并向这些地区移民拓殖。在第一次十字军东征（1095—1099年）中，他们在西西里创建了王国，占领了黎巴嫩、叙利亚，并一直统治到1402年。

残暴的海盗
"无骨者"伊瓦尔

富庶的英吉利海峡成为维京海盗的乐园,他们对英格兰虎视眈眈,不停地试探,再试探。终于到了公元862年,维京海盗们不再满足于小规模的骚扰和掠夺,一支以丹麦人为主的远征军正式奔向英格兰,伊瓦尔便是其中最为残暴的领袖之一。

"无骨者"伊瓦尔(约公元830—873年),是9世纪时的一个维京海盗首领,公元865年秋,维京海盗入侵英格兰,他是这支军队的领导人之一。公元873年,他死于都柏林。他的绰号"无骨者",萨迦文学中提及他无法行走,需要别人抬着走,这很可能跟他患有先天性成骨不全症(又称脆骨症)有关。

伊瓦尔之父朗纳尔之死

伊瓦尔之父朗纳尔·洛德布罗克是一位伟大的海盗领袖,其统治范围可能包括今日的丹麦和瑞典南部。他曾于公元845年参与劫掠了巴黎,获得了秃头查理缴纳的大笔赎金。据传说,朗纳尔最终在公元865年因为遭遇海难,漂流至英格兰的诺森布里亚国王埃拉的领地,被俘后被诺森布里亚国王埃拉扔进了"蛇塔",遭毒蛇咬死。

朗纳尔有四个儿子,分别是"勇士"比约恩、"白衣"哈夫丹、"蛇眼"西格德和"无骨者"伊瓦尔。他们闻讯后决定大规模入侵英格兰,为父报仇。其中患有"成骨不全症"的伊瓦尔

▲ [维京海盗]
公元793年6月8日,来自挪威的维京人洗劫了英国诺森伯兰郡的林第斯法恩修道院,这一事件被认为标志着"维京时代"的开启。

根据维京人报仇的规矩,儿子应该向杀死他们父亲的仇人进行报复。仇人的肉和肋骨必须砍成或锯成老鹰形,然后,孝顺的儿子用双手掏出仇人还在悸动的肺。这种报仇方法叫做"血红的鹰"。据传说,埃拉国王就是落得这样的下场。

是维京人入侵英格兰的指挥官之一(此外还有乌比与哈夫丹),这个必须由人抬着才能行动的无骨者,是个能征善战的怪胎,正是他发起了替父报仇的西征。

"无骨者"伊瓦尔复仇

"无骨者"伊瓦尔策划了征服东英古里亚、诺森布里亚的德拉以及默西亚的那些大战役。

"无骨者"伊瓦尔率领的强

图说海洋 世界闻名的海盗

大军队本来是在船队基础上组织起来的,是海上的掠夺者,但是公元 867 年春天他们出其不意地骑着马,沿着昔日的罗马大道向北挺进,乘船渡过了亨博河,迅速地包围了诺森布里亚的约克城。

约克城里的诺森布里亚人长期处于分裂状态。在发现突如其来的"无骨者"伊瓦尔的强大军队后,诺森布里亚人向约克城下的敌人发动了反攻,在混战中,诺森布里亚人被全部击败,"无骨者"伊瓦尔的军队进行了残酷的屠杀,将杀死伊瓦尔之父朗纳尔的仇人埃拉在内的王公大臣都杀掉了,并且完全摧毁了诺森布里亚的抵抗力量。

诺森布里亚王国的气数就此告终。英格兰北部再也没有恢复过它对维京人的优势。

埃德蒙国王被维京武士乱箭射死

"无骨者"伊瓦尔的复仇行动并没有就此结束,公元 869 年伊瓦尔的军队再次攻击了东英格兰,东盎格利亚王国遭到毁灭性打击,国王埃德蒙被俘。在《盎格鲁-撒克逊编年史》的古老插画中记载,埃德蒙国王是被维京武士乱箭射死的。征服了东盎格利亚后,伊瓦尔又回过头去继续在爱尔兰劫掠,一直打到都柏林城下,但伊瓦尔最终在公元 873 年的阿什当战役中死去。

▲ [伊瓦尔登陆西南海岸-插画]
这幅 12 世纪的插画展现了公元 866 年"无骨者"伊瓦尔率领丹麦海盗在英格兰西南海岸登陆的情景。

▲ [《东盎格利亚国王-埃德蒙被杀》插画]
9 世纪,北欧海盗首领伊瓦尔的手下用弓箭射死了英国东盎格利亚国王埃德蒙。

> 东盎格利亚(英语:East Anglia),是盎格鲁人在 5 世纪末建立的盎格鲁-撒克逊王国,它的领土范围大体相当于现在英国的诺福克郡和萨福克郡。盎格鲁人来自斯堪的纳维亚和北德地区。

> 东盎格利亚王国大块领土地处沼泽地带之中,使得它处于比较有利的防御位置,这个因素让东盎格利亚王国在 6 世纪末成为盎格鲁-撒克逊诸王国中的强国。

西班牙火女郎
卡塔琳娜

她是一个勇敢美丽的西班牙少女；她有一头飘逸的红发、一段坎坷的历程；面对不幸的命运，她凭借着坚强的意志燃烧了自己全部的激情和青春，像一团烈火一样将整个南大西洋烧得红彤彤的，她就是西班牙海盗女王唐·埃斯坦巴·卡塔琳娜。

卡塔琳娜在18世纪中叶出生于西班牙，是当时巴塞罗那船王的千金，她从小就受到了正统的贵族教育，她的父亲对她抱有很大希望，因而对她的要求很严格，但卡塔琳娜生来就活泼好动，是个喜武厌文的小姑娘，还是很小的时候，她就和哥哥一起骑马、划船，在哥哥的熏陶下，完全走上了一条本属于男孩子的"专职路线"，在她哥哥参加陆军那年，17岁的卡塔琳娜已然是一个武艺高强亭亭玉立的"女汉子"，但在当时她则完全不符合上流社会的审美观。

▲ [卡塔琳娜]

误杀了哥哥

在卡塔琳娜18岁时，被她气得半死的父亲把她送进了修道院，希望她能在那里有所收敛，但卡塔琳娜生来就是个向往自由的女孩，她实在无法忍受这种半囚禁式的生活。最终她狠了狠心，毅然决然地剪去了红色的长发，逃出了修道院，脱离了家庭，女扮男装开始了流浪生涯。

一年后，她在秘鲁报名参加了陆军，并且成功地隐瞒了自己的身份，在当时的军队，不平等的事件屡有发生，长官不但克扣军饷，还仗势欺人，对士兵施以打骂，性烈如火的卡塔琳娜不甘受辱。一天晚上，在一次大规模的集体冲突中，她一怒之下杀死了驻军上校，并且和上校的副官剑对剑地打了起来，由于当时的天太黑，谁也看不清对方的面孔，经过一场激烈的战斗，卡塔琳娜获得了最终的胜利，但她还没来得及享受喜悦，

欧洲海盗

图说海洋　世界闻名的海盗

▲ [西班牙国王腓力三世]

腓力三世在个人生活中沉浸于宫廷游乐，他在这些活动上挥霍了无数的金钱。他在宗教信仰上表现出真正的虔诚。总的来说，他缺乏管理他父亲留下来的巨大遗产的才智，甚至有些昏庸。1621年3月31日腓力三世在马德里去世，把一个虚弱的西班牙留给了他的继承人。

就惊讶地发现她杀死的正是自己参军的哥哥，悲痛欲绝的卡塔琳娜陷入深深的自责和悔恨之中，她连夜逃离了驻地，万般无奈之下加入了海盗团伙。

当上海盗船长

在茫茫大海上，性格豪爽的卡塔琳娜很快和海盗们打成了一片，海盗们敬佩她高超的航海技术和娴熟的武艺，而她也喜爱海盗们的诚恳与直率。在一次海战中，卡塔琳娜所在海盗船的船长战死了，她被推选当上了新的船长，这时海盗们才惊异地发现他们的船长原来是一个离家出走的千金小姐，就这样卡塔琳娜开始了长达十年的征战杀伐，她拥有十艘海盗船和上千名手下，打遍了南大西洋并抢劫了大批的船队，而那些企图和她争抢地盘的海盗也都在她的剑下永远无法开口说话。

卡塔琳娜无罪释放

这位海盗女王有自己的准则：她从来不曾袭击过一艘西班牙船只，还经常救助那些落难的西班牙商船，在她心中无时无刻不在思念自己的祖国，当时的海上霸主英国对这位"海盗女王"甚感头痛，于是就向西班牙政府施加压力，要他们帮助消灭卡塔琳娜。

在当海盗的第10个年头，卡塔琳娜的队伍被西班牙舰队击溃，而这位绰号"火女郎"的海盗，被带回马德里受审，经过一审判决判处死刑，但国民一致认为她无罪，这件事惊动了西班牙国王腓力三世，在他的干预下法院重新审理了案件，最终将卡塔琳娜无罪释放了。不仅如此，国王还亲自召见了这位"西班牙的英雄"，赏赐给她"大笔的金钱和封地"，后来卡塔琳娜一直住在封地里，终生未嫁。

卡塔琳娜就是这样一个勇敢美丽的西班牙少女，一个叱咤风云的女海盗，一头飘逸的红发，一段坎坷的历程和不幸的命运，让她凭借坚强的意志和一颗不屈的心，燃烧着生命的青春和激情，像一团熊熊的烈火烧遍了整个南大西洋，谱写出她传奇的一生。

追求乌托邦王国的海盗
詹姆斯·米松

詹姆斯·米松出生于17世纪法国普罗旺斯的一个古老家族，受过良好的教育。在学习完昂热市军事学院的所有课程之后，在法国军舰上供职。后来偶然结识了一个意大利神父卡拉奇奥利，他宣扬人权的思想对米松的影响非常大，包括后来建立自由国。

乌托邦本意为"没有的地方"或者"好地方"。延伸为还有理想，不可能完成的好事情，其中文翻译也可以理解为"乌"是没有，"托"是寄托，"邦"是国家，"乌托邦"三个字合起来的意思即为"空想的国家"。原提出者是古希腊哲学家柏拉图。空想社会主义的创始人托马斯·莫尔（英国人）在他的名著《乌托邦》（全名是《关于最完全的国家制度和乌托邦新岛的既有益又有趣的全书》）中虚构了一个航海家——拉斐尔·希斯拉德航行到一个奇乡异国"乌托邦"的旅行见闻。

▶ [普罗旺斯的薰衣草]
普罗旺斯是世界闻名的薰衣草故乡，它还是欧洲的"骑士之城"，是中世纪重要文学题材骑士抒情诗的发源地。

不是海盗的海盗

米松与卡拉奇奥利结识之后，俩人一起到了"维多利亚"号船上当了水手，在一次马达加斯加北部地区的航行中，他们遇到了一艘英国的海盗船，经过一番战斗，米松他们胜利地缴获了那艘船，但米松这边损失也颇为严重，他们的船长也战死了，米松意外地被推选为新的船长。在为自己的船选择旗帜时，因为他认为自己不是海盗，所以没有用黑旗，而是用了白旗，并用金线织出拉丁字：为了上帝和自由。

为了生存，米松他们开始抢劫过往船只上的货物，但他们只拿一半食品和日用品，对船上的货物并不染指，这让被劫船只十分惊讶。有一次，米松的海盗团队截获了一艘船，但仅拿了船上的一部分糖和酒，其他物品丝毫未动，这令被劫的人颇为感动，走时还对海盗大呼"万岁"！时间长了，米松和他不一样的海盗团队的事迹就传扬开来。

图说海洋 世界闻名的海盗

▼ ["胜利"号战舰模型]
1758年12月13日，英国海军部下令建造12艘新战舰，其中一艘为装备100门主炮的主力舰，后来该舰命名为"胜利"号。

精彩的演讲

米松曾在非洲沿海成功夺取了一艘运送奴隶的船只，他做了一场极为出色的演讲，他说："这就是我们要反对的可耻的法律和现世的陈规陋俗。还能找到拿活生生的人来做交易的违反上帝公正的例子吗？还有什么比这更违反上帝的正义原则吗？难道这些不幸的人，就可以像牲畜一样的卖来卖去吗？这一切难道仅仅是他们有着与我们不同的肤色吗？依靠贩卖奴隶的强盗既没有灵魂也没有良心，他们应该遭受地狱火焰烧烤的永久痛苦！我们宣布所有的人毫无例外的一律平等。根据我们的理想，我宣布这些非洲人都获解放，成为自由人。我还号召你们，我的兄弟们，教会他们说我们的语言，信仰我们的宗教，恪守我们的风俗习惯并教给他们航海技术，以便使他们能够用自己的劳动来谋生，并捍卫自己做人的权利。"

追求乌托邦王国的海盗

由于他的公正和仁慈，手下很快聚集了一大批人，这些人来自欧洲各国，甚至包括他解放的黑人奴隶。在很长一段时间里，米松以科摩罗群岛作为据点，这个群岛位于非洲东海岸和马达加斯加岛之间，因此，他把自己的队伍命名为"科摩罗联盟"。

米松向自己的老师提出建立自由国

> 米松优越的家庭条件，让他曾在普罗旺斯一所古典中学和昂热市的军事学院读完全部课程，并就职于"胜利"号军舰。

36 欧洲海盗

的想法，卡拉奇奥利十分赞同，不过他认为需要和当地的头领联姻，于是米松娶了当地首领的女儿，他的手下也大多娶了当地女人为妻。但是米松建立自由国的提议遭到了当地居民的强烈反对，因为当地的部落首领担心失去自己的权力，最终双方发生了冲突，米松等人落败，他带着沮丧的心情和其他人逃到了马达加斯加东部的一个海湾，并在那里定居。

在那里米松重燃希望，他们在那里建立起了国家，把国名定为"自由"，并建立了整齐的村落，而且筑有坚固的防御工事，以免遭到袭击。"自由国"在经济上废除私有制，建立公有制，设立公用国库，用于满足全体公民的要求，他们平均分配劳动产品，而且规定劳动是每个人的义务，不设任何劳动奖励。当然，米松的"自由国"并没有持续太长时间，就被岛上一些贫困部落灭掉了。

惊人的成就

米松的所作所为曾受到17—18世纪欧洲一些先进思想家的赞扬，其中包括启蒙运动的杰出思想家伏尔泰，他在《百科全书》的"海盗"词条中公开宣称："海盗的事迹感动着我们，如果他们具有不可制服的勇敢精神相应的政治策略的话，那么他们会在美洲建立一个伟大的帝国……无论是罗马人还是其他任何从事掠夺的民族都从未达到如此惊人的成就。"

▲ [伏尔泰位于巴黎的公墓]

伏尔泰是18世纪法国资产阶级启蒙运动的泰斗，被誉为"法兰西思想之王""法兰西最优秀的诗人""欧洲的良心"。他主张开明的君主政治，强调自由和平等。

公主海盗
阿尔夫希尔斯

冰雪的世界孕育了北欧人冰一样的性格，这样的性格不仅体现在男人身上，女人也毫不逊色，在丹麦就流传着一个美丽的公主海盗传说。

这个公主名叫阿尔夫希尔斯，她出生于哥特的皇室，在她长大后，凭借身份地位以及美丽的容貌，大批求婚者慕名而来，但她全都拒绝了。在丹麦童话里，公主都是等待王子的，而阿尔夫希尔斯的王子不是这些人。

这些未婚者中有位勇敢的丹麦王子，为了抱得美人归，从哥特皇宫高高的城墙爬了进去，为了能够见到阿尔夫希尔斯，他甚至借道护蛇洞，虽然没有打动公主的心，但却感动了国王。于是国王下令要将公主嫁给这位王子，阿尔夫希尔斯百般抗议，均无效果，无奈之下便逃离了皇宫，跟随一艘船航行海上，这是一艘海盗船，因为它在不断的招募新的水手。

不久后，阿尔夫希尔斯所在的海盗船失去了船长，她几经周折成为新任船长，开始了海盗船长生涯。阿尔夫希尔斯凭借非凡的智慧，使自己的海盗船队规模不断扩大，在丹麦沿海一带，她成为了航运的巨大威胁。

为了打击这只船队，丹麦派来了一名王子担任主帅前来征讨阿尔夫希尔斯的队伍。一场争斗下来，阿尔夫希尔斯不敌被俘，不过她不仅没有受到任何伤害，还被王子认出了她公主的身份，因为这名王子就是那个爬墙而入的求婚者。

阿尔夫希尔斯最终答应了王子的求婚，结束了海盗生涯，开始新的生活。传说中，阿尔夫希尔斯不但成为了王妃，后来甚至统治了丹麦王国，但她统治的时间没有定论，甚至有人怀疑这个公主是否存在。可维京人中广泛存在的唱诗人，仍在不断的吟诵她的故事，或许我们应该怀疑，她真的存在过。

▲ [战斗中的阿尔夫希尔斯，来源于1555年《北方人民》]

沃德船长和彩虹号
杰克·沃德

海盗沃德是存在于英国民谣中的人物，他机智勇敢，在保护英国船队的同时，利用海盗打击着巴巴里的海盗。

杰克·沃德出生在英国东南部的沿海地区，像很多人一样从事海边的捕鱼工作。后来由于西班牙海盗船的到来，他被迫跟着西班牙海盗船成为了一名小海盗。

沃德的小海盗生涯开始并不顺利，他总是受其他海盗的欺负，干着杂役的活，拿着最少的钱。不久后，他所在的西班牙海盗船遇到了激烈的战斗，沃德的船长死了，他就跟随另一艘海盗船继续着海盗生活，随着年龄的增长，他变得越来越狡猾，很快就成长为一名职业海盗。

受国王命率队出航

由于当时地中海上海盗横行，海盗们各自拿着不同的特赦证与合法的劫掠证，在保护本国舰队的同时，侵袭着他国的商船。

1603年，沃德跟随"里昂"号出发，奉命保护英国船队，并伺机侵袭他国的商船，在缴获财物中需要缴纳一部分给政府。虽然当时只有一只帆船，但可以说它是第一代的英国皇家海军（当然，那时候还没有这个名字）。在几周的保护商船和侵袭中，沃德因出色的表现被推举为新船长。不久他们到了怀特岛，成功俘获了一艘法国的"紫罗兰"号商船，并将其改名为"小约翰"号，收纳于自己麾下继续航行。之后，沃德又俘获了一艘更大的法国船，在多次海盗的侵袭和掠夺中，沃德很快便拥有了一支舰队。之后在地中海活动时，他缴获了一艘装有32门火炮的战舰，在1605年，又有几股巴巴里海盗和水手加入了沃德的舰队，沃德的队伍越来越强大了。

1606年8月，沃德以强大的武力为支持，强迫奥斯曼帝国将突尼斯封给了他，沃德以此为基地，招揽了很多海盗，开创了自己的王国，据说他的舰队中甚至有当时最为先进的60吨火炮舰船。

> 巴巴里海盗最早是北非以突厥人和摩尔人组成的海盗组织，他们得到奥斯曼土耳其帝国的支持，是拥有严密的国家性质的机构，也是土耳其帝国海军的主要力量之一。

欧洲海盗

欧洲海盗 | 39

历史留名

随着舰队的壮大,沃德的事业也越来越大,他不但横行地中海,而且统治了当时的一众海盗,但随之而来的是一种异样的声音,甚至有民谣谴责沃德的海盗行为。为此,沃德及他的船员改信伊斯兰教,沃德也娶了当地的意大利女子为妻,名字也改为优素福·里斯。

在1612年,一部以他为原型的《A Christian Turn'd Turk》剧本开始上演,而沃德的故事也在继续。直到1622年,70岁的沃德死于瘟疫。

在英国,有个《沃德船长和彩虹号》的故事,这是一个民谣,许多人猜测,或许故事中的沃德就是本文中的海盗沃德。当时横行的巴巴里海盗,让英、美、法等国疲于应付,但正是由于像沃德这样的海盗存在,用海盗打击海盗成为多国广泛采取的手段之一。

▲ [A Christian Turn'd Turk 油画]
左一为沃德的彩虹号。

海上罗宾汉
克劳乌斯·施特尔特·贝克尔

欧洲海盗

克劳乌斯·施特尔特·贝克尔是德国最著名的海盗,他不像其他历史上臭名昭著的海盗那样残酷凶暴,反而颇得民心,被称为"海上罗宾汉"。

贝克尔据说出生于德国的一个平民家庭。目前,关于他的出生地仍有争议,因为至少有7个城市和地区自称是他的家乡。贝克尔青年时代当过渔夫和水手,或许还干过苦力。有一次,他随着一条渔船出海,船员们因为对船长不满而暴动,并且把船长扔进了大海。于是他们有家不能回了,就推举贝克尔当他们的头领,干脆干起了海盗行当。

海盗集团盘踞在哥得兰的小岛

在波罗的海浩渺烟波之中,有一个名叫哥得兰的小岛,这里林木茂密,风光秀丽,由于地处海域中心,控制着波罗的海所有航道,进可攻,退可守,成了海盗栖息的理想处所。1392年,贝克尔率领海盗占据了这里。

贝克尔及他的海盗手下们,不认为自己是海盗,而自认为是"利克德勒尔",

▲ [波罗的海]

波罗的海是世界上盐度最低的海。不仅是北欧重要航道,也是沿岸国家之间以及通往北海和北大西洋的重要水域,从彼得大帝时期起,波罗的海就是俄罗斯通往欧洲的重要出口。

海盗的猖獗,大大打击了正在蓬勃兴起的商贸活动,海上航线几近瘫痪。许多从事海上贸易的商人开始认识到,要联合起来对抗有组织的海盗抢劫。在1241年,吕贝克和汉堡两个城市的商人首先缔结盟约。不久,不来梅、科隆、罗斯托克等城市也陆续加入,史称为"汉萨同盟"。"汉萨"(Hanse)原为德语,意思就是"同业公会"。

欧洲海盗 | 41

意思是"均分者"，他们只不过是把富商显贵们用不正当的手段聚敛起来的钱财拿过来再分配而已。更有意思的是，每次抢劫之前，他们都要向神父忏悔和领圣餐，似乎是要取得上帝的同意和谅解后，才开始行动。海盗们还有着严明的纪律，任何人都不得携带金钱和珍宝上船，船上禁止喝酒和赌博。他们团伙中没有妇女，是个纯粹的男性社会。船长权力极大，违反禁令的海盗将受到严厉的惩罚。

严明的纪律和均分的思想，让这些海盗成为了"民间英雄"，他们从不虐待俘虏，在遭到攻击时未作反抗的商人可以保留一定份额的货物，俘虏可以得到食物和衣服，海盗会把他们送到最近的一个港口释放。对于有些人来说，贝克尔是一只可怕的海狼，但在另一些人眼里，他却是"海上罗宾汉"。在劫掠富人之后，他常常把劫夺来的财富赠送给穷人，并且向教堂和慈善机构捐献了大量的黄金。就这样，贝克尔的队伍迅速壮大，他指挥着一支50多艘船只组成的海盗舰队在波罗的海至北海一带往来驰骋，俨然是北欧的海上霸主。

粮食兄弟

贝克尔船长又被称为"粮食兄弟"，他得到这个奇怪的称号是在1389年。当时的挪威和丹麦共同的女王玛格丽特一世野心勃勃，趁瑞典政局不稳之际发兵入侵。瑞典首都斯德哥尔摩被丹麦军队

▲ [玛格丽特一世]

玛格丽特一世是丹麦、瑞典和挪威女王，她建立了统一丹麦、瑞典和挪威的卡尔马同盟。她是中世纪最重要的人物之一，同时也是世界史中最伟大的女性之一，其毕生致力于统一北欧各国。

玛格丽特一世的棺材放在罗斯基勒大教堂中。这个被列入世界遗产的大教堂中共陈列着39位国王和王后的棺材，其他38位的棺材均放在旁室中，只有玛格丽特一世的棺材直接放在神坛前。

围城三年，只剩下了海路还没有遭到封锁。而且城内粮食将尽，迫不得已之下，瑞典王室开始向海盗求救。接到求救信后，贝克尔表现出了最大的侠义之心。他义无反顾地站在了被攻击的瑞典一方，表示即使付出再大的代价，也要给斯德哥尔摩守城者送去粮食。这时候的斯德哥尔摩已是岌岌可危，就在城里的居民们开始绝望的时候，贝克尔船长率领的海盗船队犹如神兵天降，奇迹般的出现在海岸线上。贝克尔采取了声东击西的战术，他将海盗们兵分两路，一支舰队与丹麦海军缠斗使其不能脱身。另一支舰队利用丹麦舰队的混乱快速绕过其侧翼，进入斯德哥尔摩内港，为守城者送去粮食和武器。守城者得到了海盗们的援助后，士气大涨，他们趁势从城门内掩杀而出，与"可爱的海盗们"里应外合，很快击退了丹麦人的军队。斯德哥尔摩解围了，被困多日的人们庆祝胜利，也没有忘记感谢给他们带来粮食的贝克尔船长，瑞典王室为了向支援他们的海盗表示感谢，对贝克尔的船队颁发了一份海盗活动可以彻底合法化的"海盗证书"。凭借这份证书，贝克尔的船队可以在瑞典港口补给和贸易。贝克尔指挥的这次海盗船队救援之战也被写进了北欧历史中。

贝克尔之死

1393年4月后，贝克尔的势力越来越强大，他们洗劫并烧毁了挪威南部一

▲ [汉堡风情－德国]

> 斯德哥尔摩围城之战创造了这样一个模式：在战争期间，敌对双方利用海盗阻断对方的交通，破坏对方的贸易，乃至于攻击对方的舰队和城镇；而在和平期间，则双方联手镇压海盗。

欧洲海盗 | 43

座富裕的贸易城市卑尔根。他们不放过任何船只，很多船根本不敢到公海上来。当贝克尔的海盗船在北海变得越来越肆无忌惮时，英格兰国王理查二世和丹麦女王玛格丽特一世为了共同打击海盗而联合起来。1401年夏天，当贝克尔在北海以"之"字形逆风航行时，遭到了英格兰船只伏击。经过一场激烈的海战，海盗们最终遭到惨败。在这场战斗中，包括贝克尔在内共有73名海盗被俘虏，40名海盗被杀死。随后，这位海盗船长被送回其祖国德国审判，在那里被判处砍头的极刑。

1401年10月的一天，被捕的贝克尔和他的海盗兄弟一起被押往格拉斯布鲁克。当屠刀即将举起时，贝克尔向汉堡的议员提出了条件：他许诺将拿出一个像花环一样美丽的金锚链及无数的金币，再加上向汉堡捐赠一个金质的教堂钟楼楼顶，以此来赎买海盗们的自由。这个请求被断然拒绝，73名海盗人头落地。

随后，他们血淋淋的头颅被一排排钉在木桩上示众。汉堡的议员当时确信，不论采取什么手段，他们总会找到贝克尔的宝藏的。但后来的事实证明，这些议员们的想法错了，他们根本找不到贝克尔的宝藏藏在哪里。

在海上肆虐期间，贝克尔率领的海盗不但积聚了数量众多的珍贵物品，而且还攫取了巨大的金银宝藏。为了把抢来的金银财宝尽可能多地运走，海盗们掏空船桅杆，把一部分贵重金属如大量的黄金等熔铸成金锚链，藏匿在桅杆之中。

后来，贝克尔的海盗船"红色魔鬼"号被一个普通的渔民买了下来，他想把船的船板、船舷和桅杆锯成木柴。在锯断三根桅杆时，在凹处发现了大量的金币和银币。原来这是"粮食兄弟"抢来的战利品。但这个渔民并没有留下宝藏，而是把装满财宝的桅杆埋到了一个秘密的地方。直到今天，这个德国海盗船长的所有财产仍然下落不明。

▲ [北海]

海盗君主
克努特一世

克努特一世是当时西北欧真正的霸主,是诺曼人征服时代的风云人物,他使丹麦国势达到鼎盛,史称"克努特大帝"或"克努特一世",其统治的王国被称为北海帝国,他的统治是北欧海盗最后的辉煌,自此之后,北欧海盗再也没有取得过骄人的战绩。

▲ [克努特一世画像－中世纪]

公元995年,被称作维京"八字胡须王"的丹麦国王斯凡迎来了他第二个儿子的出生。这个孩子就是日后被称作克努特一世的传奇维京国王。1012年,斯凡率军击败英王"邪恶顾问"埃塞尔雷德二世,并于1014年征服了英格兰大部分地区,成为第一个被英格兰人承认为国王的丹麦人。

成为英格兰国王

斯凡死后,他的儿子哈拉尔和克努特瓜分了父亲的帝国,哈拉尔当丹麦国王,克努特当英格兰国王。但英格兰民心尊崇阿尔弗雷德大帝的后人,拒绝克努特当他们的国王,克努特被迫回到丹麦。

1015年,在哈拉尔支持下,克努特率领一支共有200艘海盗船的船队来到英格兰,与埃塞尔雷德二世的儿子埃德蒙二世的军队展开了激战,双方互有胜负。后来由于丹麦海盗骁勇善战,克努特最终打败了英格兰人,但未能彻底令英格兰人屈服。1016年,他与英格兰人达成妥协,英格兰一分为二,由他与埃德蒙二世分治。这也是丹麦海盗历史上最后一次大规模远征。同年11月,埃德蒙二世去世,克努特控制了英格兰并继承了英格兰王位。1017年,他与前英格兰国王埃塞尔雷德二世的遗孀诺曼底的埃玛结婚。1019年,丹麦国王哈拉尔突然去世,克努特回国继承了丹麦王位。这样他就同时成为了丹、英两个王国的国王。

建立御林军

年纪轻轻的克努特成了一个庞大帝国的统治者,但他并没有因此而满足。北欧人崇尚武力的血液在他的身体里跳动。他新建了一支小型的精锐部队"御林军",这是一支由富家子弟和年轻的贵族后裔组成的军队。他们总是跟随在克努特左右,吃住都在宫里。他们有严

> 克努特的一个臣下谄媚说,克努特是海洋的统治者,连海洋也会听他的命令。克努特于是下令将椅子放在海边,命令海水不准打湿椅脚,结果可想而知,他斥责了大臣的胡说八道,称上帝才是大海的统治者,国王的权力只是很小的一点点。

欧洲海盗 | 45

[克努特钱币]

格的纪律，就像约姆斯堡的海盗那样，生活极为苛严，纪律严明，战斗力很强，对克努特忠心耿耿。这支军队对维持克努特的帝国作用重大。

征服瑞典

在克努特的声望如日中天的时候，挪威国王奥拉夫二世的统治却出现了危机，挪威人对其极为不满。1028年，克努特在挪威贵族的支持下乘机进军挪威并打败了奥拉夫二世。奥拉夫二世逃亡国外，克努特又当上了挪威国王，同时统治瑞典南部地区，1030年，他又击败了奥拉夫二世的反扑，并且杀死了奥拉夫二世。这样，克努特建立了包括今丹麦、挪威、英格兰、苏格兰大部和瑞典南部的大帝国，被尊称为"克努特大帝"，他的帝国也被称为"北海帝国"，是历史上唯一一个几乎统一了北海沿岸地区的帝王。

在他的大帝国中，克努特更喜欢英格兰，一年的大部分时间都住在英格兰。在英格兰，他开始时以征服者的身份强硬统治，但后来渐渐转而采用绥靖政策，给教堂大量捐款，取得当地教会的信任

和支持。他还为消除丹麦人和英格兰人之间的嫌隙而努力。自他的祖父蓝牙王起，丹麦王室就以基督徒的身份治国，克努特多次派牧师到丹麦传教布道，在他统治时期，丹麦的基督教发展迅速。

政治手段

克努特住在英国时，他就让他的妹夫乌尔夫伯爵在丹麦当副王。乌尔夫企图利用丹麦人对克努特的不满，阴谋夺取权力。克努特闻讯后，迅速回到丹麦粉碎了这一阴谋。乌尔夫逃进了一所教堂。他以为教堂是圣地，克努特不会来杀他。但是，克努特的士兵在教堂里抓住了乌尔夫，并在圣坛前杀死了他。克努特虽然因此向他的妹妹和教堂付了一大笔罚款，但还是可以看出，克努特的思想中有基督教忏悔的一面，也仍留存有奥丁神好勇斗狠的一面，他正好反映了此时丹麦两种宗教交替时代的复杂性。

克努特还主持编纂了《克努特法典》，明文规定了国王的权力。同时为了拉拢人心，克努特在英国设立了四个伯国，其中威塞克斯伯国由丹麦人戈德温统治，四个伯爵都是一方诸侯，都有很大权势，而威塞克斯伯爵戈德温在四个伯国里的势力是最强的。

1035年，克努特大帝去世，他的北海大帝国很快就分崩离析，成为历史上的昙花一现。他的统治是北欧海盗最后的辉煌，自此之后，海盗王国再也没有取得过骄人的战绩。

> 克努特大帝先后有过两位王后：第一位王后是北桑普顿的艾尔夫吉夫，生有两个儿子：斯韦恩·克努特森（1016—1035年）和哈罗德一世（即兔足王）。
> 第二位王后为诺曼底的埃玛，生有一儿一女：哈德克努特（1018—1042年，英格兰王，1040—1042年在位）和丹麦的贡希尔达。

加勒比海盗

Pirates of the Caribbean

白棉布杰克
约翰·莱克汉姆

图说海洋 世界闻名的海盗

"白棉布杰克",原名约翰·莱克汉姆,之所以有这么个绰号是因为他总是穿着条纹长裤和外套。他的出名是由于他与安妮·邦尼的结盟和他悲惨的死法。

◀ [杰克船长-加勒比海盗]
电影《加勒比海盗》中的杰克船长,是一个讲义气、够仗义的家伙,而且很聪明,总能化险为夷。18世纪初英国著名的海盗"白棉布杰克",被广泛认为是杰克船长的原型,只不过他并没有电影里的杰克那般仗义,也没能次次化险为夷,而且死得很惨。

"白棉布杰克"的海盗生涯始于他对查尔斯·韦恩的船只的掌控。韦恩是海盗宝藏船的船长,在一次和一个法国士兵打斗时被挫败。在船上担任军需官的"白棉布杰克"被韦恩的怯懦激怒了,他带领自己的手下进行哗变,把韦恩和他的支持者驱赶进一艘小帆船,放逐了他们。"白棉布杰克"于是由原来的军需官变成了新船长。

后来,"白棉布杰克"在新普罗维登斯岛遇见了安妮·邦尼。他说服她抛弃了原来的丈夫,然后女扮男装,在他的海盗船上入伙(玛丽·里德同样是女扮男装,而且早已是"白棉布杰克"的同伙)。1720年,英国皇家总督伍兹·罗杰斯的海盗搜捕队攻击"白棉布杰克"的船时,安妮和玛丽当时都在船上。

在战斗中,"白棉布杰克"临阵脱逃,和同伙躲藏到货舱里,把安妮和玛丽留在甲板上对抗英军。

后来,海盗被打败,"白棉布杰克"被审判并被处以绞刑,而且身上被涂满了焦油示众。"白棉布杰克"作为海盗的经历乏善可陈,不过他却是海盗旗的倡导者。在抢劫时,他喜欢在船头挂上黑底骷髅头的海盗旗。

爱上女海盗的女海盗
安妮·邦尼

安妮·邦尼是历史上最著名的女海盗之一,她是其父亲与女佣的私生女,18世纪初她离开家加入了"白棉布杰克"的海盗船队,从此开始了海盗生涯。

安妮出生在爱尔兰,她的父亲是一名律师,她是父亲和一个女佣的私生女。父亲很喜欢她并经常带她在身边,让她扮作一个小男孩,向别人谎称是自己的跟班。后来,父亲的妻子知道了真相,她气急败坏地与安妮的父亲发生了争吵。经过激烈的思想斗争,安妮的父亲最终带着女佣和安妮远走高飞,三人渡过大西洋来到了今天的美国西海岸,安妮的父亲在这里经商并积累了大量的财富,买下了一座大庄园。物质生活的改变,以及安妮从小男孩子的经历,加上父亲的溺爱,使安妮变得任性妄为、肆无忌惮。在她13岁时,因为和佣人拌嘴,她竟然拿餐刀扎向佣人的肚子。

16岁那年,安妮认识了一个叫詹姆斯·邦尼的水手,这位水手用甜言蜜语将她迷得团团转,但詹姆斯并非真的喜欢她,而是看上了她父亲的财产,为了得到它们,他才故意接近她。安妮的父亲坚决反对他们在一起,在识破了詹姆斯的意图后,他决定断绝父女关系并把他们赶出了庄园。于是骄傲的安妮索性改叫安妮·邦尼,跟着詹姆斯上了海盗船,当起了海盗。在拿骚,安妮·邦尼碰到了比詹姆斯更彪悍的海盗"白棉布杰克",于是安妮·邦尼甩掉了詹姆斯并成为了杰克的情人。

在杰克的船上,有位清秀俊美的小伙子引起了安妮·邦尼的注意。此后安妮·邦尼和这个小伙子的关系越来越亲近。杰克心生疑虑和妒忌,他觉得安妮·邦尼和这个小伙子的关系已经超出了友谊的范畴,终于有一天他要求两人给出解释。这才弄明白这个年轻人是女儿身,她的名字叫作玛丽·里德。

玛丽·里德出生于伦敦,是一个商船队船长的妻子在海上同其他人的私生女。据说,这位母亲把孩子出生的消息隐瞒了一段时间,由于她的第一个儿子已经夭折,而且丈夫出海时去世,所以她决定把这个女儿当儿子养,并把她带回丈夫家里继承遗产。由于继承了遗产,玛丽·里德童年时和母亲生活得很好,长大后,她仍旧是一身小伙子的打扮。后来,她参加了海军,并结识了一位战友。之后就和他结了婚,但丈夫不久就死了,悲伤的她重新装扮成男子到处漂泊,直到被杰克的海盗船俘虏。

自此玛丽·里德就加入了他们的海

盗队伍。不论是在航行中，还是在战斗的时候，这两个女人都非常勇猛，同其他男性船员没有什么区别。她们和男人一样善于打斗，甚至有过之而无不及。随着时间的推移，他们在海盗生涯中取得了多次胜利，他们最终引起了牙买加总督的注意，他命令伍兹·罗杰斯的海盗搜捕队率船终结了这个三人组的海盗岁月。当时，杰克船上的大部分船员包括杰克本人都已经喝醉，根本无法进行抵抗，他们躲在货舱里，轻而易举地就被俘虏。而只有安妮·邦尼和玛丽·里德两人坚持战斗，孤立无援的她们最后也被俘虏了，并和其他海盗一起接受了审判。这场审判对整个加勒比海地区都有影响，因为这场审判首次从书面上证明了女海盗的存在。杰克和其他船员被判处绞刑。但安妮·邦尼和玛丽·里德被免于处死，因为在最后审判的时候，两位女海盗不约而同地翻供，并声称自己都怀有身孕。这令当时的法庭一片哗然。于是派出医生对二人检查，证明二人确实怀有身孕后，她们的死刑暂缓执行，等她们生了孩子再说。

尽管身为囚犯，但在杰克被施以绞刑的前一刻，安妮·邦尼被允许同他说话。对她的男人和冒险生涯中的伴侣，安妮·邦尼斩钉截铁地撂下了这样的话：

▲ [玛丽和安妮的雕像]
矗立在巴哈马的玛丽和安妮的青铜像。

"你要是能像男人一样战斗的话，就不会死的像狗一样。"

两个女海盗的监狱生活很快就要结束。不幸的是，玛丽·里德因为感染疾病死在狱中。安妮·邦尼的父亲得知了她的处境后，便带上一位律师朋友前去找她，两人为安妮·邦尼说情并买通了牙买加总督。安妮·邦尼被释放了，她销毁了自己的档案资料，回到父母家中安度了余生。

另一种说法是，安妮·邦尼被赦免并不是因为她父亲用钱从中干预，而是因为牙买加总督收到了一封来自海盗之王巴沙洛缪·罗伯茨的信。信中的内容语气强硬，带有很强的威胁成分。总督只好把安妮·邦尼释放了。被放出来后，安妮·邦尼便从历史上销声匿迹了。当时，她刚满20岁，生了一个男孩。也有人说她后来同他父亲的那位律师朋友结婚了。

勇敢的女海盗"战士"
玛丽·里德

玛丽·里德(1690—1721年),英籍海盗,拿骚海盗共和国的创始人之一,死于牙买加。她是在所有恶名昭彰的加勒比海盗中最神秘的人物。

◀ [伊丽莎白·斯旺 剧照]
凯拉·耐特丽饰演的伊丽莎白·斯旺风情万种,但跟海盗情人并肩作战时,就一显巾帼不让须眉的飒爽英姿。加勒比历史上真的就有两位女海盗,而电影中的形象,就有这位女海盗玛丽·里德的影子。

加勒比海盗

为她成为海盗打下了性格基础

玛丽·里德出生于1690年,是她守寡的母亲与一位船长的私生女。母亲将玛丽·里德打扮成一个小男孩,对外顶替她很早就夭折的长子,并把她带回丈夫家里继承遗产。她们做得非常成功,玛丽·里德一直长到十五六岁,都没人发现她的秘密。从而也养成了玛丽·里德男孩子般的性格,大大咧咧,敢作敢为,也为她成为海盗打下了性格基础。

稍大后,利用她的乔装技能,玛丽·里德到一艘商船上做了一名最下层的海员,后来又到了英国皇家海军中任职。在随海军征战期间,作战非常英勇的玛丽·里德曾有希望晋升为军官,直到一名与她共事的佛兰德士兵闯入了她的生活,他们相爱了。战争结束后,玛丽·里德和恋人脱下戎装,用复员费在荷兰开了一家小酒店。不料,幸福的生活刚刚开始,玛丽·里德的新婚丈夫就患病去世了,她成了寡妇。

加勒比海盗 | 51

玛丽·里德加入了海盗

迫于生计，悲痛的玛丽·里德只得再次穿上男装，并化名为"詹姆斯·基德"，登上一艘前往西印度群岛的远洋商船做了水手，离开了欧洲。

不久后，商船被海盗劫持，也许出于自愿，也许是被胁迫，玛丽·里德加入了海盗船，这艘海盗船的船长就是"白棉布杰克"——约翰·莱克汉姆，后来杰克的情人安妮·邦尼也来到船上。1720年8月22日，三人从港口拿骚偷了"威廉"号武装单桅帆船出海。

玛丽·里德和安妮·邦尼的关系日益亲密，这引起杰克的怀疑和妒忌，终于有一天他要求两人给出解释，这才知道玛丽·里德是女儿身。

全体船员被捕

1720年11月15日，他们的船只遭到伍兹·罗杰斯的海盗搜捕队围剿，当时大多海盗都酒醉未醒，包括杰克在内，毫无抵抗之力，他们躲在货舱里，只剩下玛丽·里德和安妮·邦尼二人全力奋战。

最终，全体船员被捕并以海盗身份判处绞刑。玛丽·里德在法庭上做过这么一次陈述："其实绞刑并没什么可怕的。要不是有绞刑，那些胆小的人也可以成为海盗，那么勇敢的人就找不到用武之地了。"

玛丽·里德死于狱中

在审判中，安妮·邦尼和玛丽·里德表明她们已有身孕，因英国法律禁止处死孕妇，她们的行刑得以缓期执行。玛丽·里德和安妮·邦尼随后被转往金斯敦监狱。由于监狱环境极不卫生，没等到孩子出生，玛丽·里德的身体状况不断恶化。

玛丽·里德最终在监狱里发高烧去世。1721年4月28日，她的葬礼在牙买加圣凯瑟琳教堂举行，没有孩子的葬礼记录，暗示她可能还在怀孕就死了。

▲ [玛丽·里德刺杀敌人－插画]
玛丽·里德在战斗中将敌人击杀在地，然后她掀开衣服，告诉对方，让其知道是死于女人之手。

从16世纪开始，当欧洲冒险家开始探索新大陆时，在世界各地航行的满载黄金和其他货物的船只，刺激着收入微薄的水手们的野心，后来欧洲列强之间为了拓展海外殖民地而相互竞争，在英国女王陛下的许可下，"鼓励英国的武装民船袭击敌国船只"，这就为海盗行为提供了法律许可。然而，当英西战争结束后，女王陛下欲收回这道法令时，大多数的私掠船船长却不想就此停手，越来越多的人开始投身海盗这种"很有前途的职业"。

海盗作家
亚历山大·埃斯奎默林

加勒比海盗

　　亚历山大·埃斯奎默林是海盗中少有的充满文化气息的人物，因为他先后从事理发师、医生等职业，带着浓厚的胡格诺教徒的背景加入海盗，并在后来成功退出海盗团体，于1678年出版《美国海盗》一书，记录了加勒比海地区的海盗事迹，尤其是记录了亨利·摩根的劫掠活动。

　　亚历山大·埃斯奎默林1645年出生在法国翁弗勒尔，在21岁时埃斯奎默林被法国西印度公司聘请，以仆人的身份为海盗船服务，一干就是3年。这3年中，他见识了不少海盗抢劫、掩藏、战争和分赃的行为，并在那里结识了海盗头子亨利·摩根。

雇佣海盗

　　埃斯奎默林加入的"西印度公司"是一群活跃在17世纪早期的法国海盗，原本是以打猎为生的猎手，当发现海盗"生意"更易做后，于1630年移居到托尔图加岛（该岛是伊斯帕尼奥拉岛附近一个形似海龟的小海岛，后来被称为龟岛），这批猎手的集结，引来了更多的乌合之众，他们因为亦猎亦盗的身份以及政府给出的高额雇佣金，招募了很多服务人员，而埃斯奎默林就是这样的仆人。

　　其实这时期的海盗，并不能称为真正意义上的海盗，他们是一群海上流浪者，但所作所为像是海盗，而且这批"雇佣海盗"是听命于国家的海上匪徒。尤

▲ [《美国海盗》第一版节选]

其在战争时期，各国政府会付给他们佣金，指使他们袭击敌国的商船。因此"雇佣海盗"根本不算是海盗，他们背后有政府的支持。类似的，"北非海盗"的劫掠行为也是得到政府授意的。区别只

加勒比海盗 | 53

▲ [天主教的圣巴托罗缪日前夜天主教武装分子在巴黎屠杀两千多名胡格诺教徒]

加尔文教也称为"胡格诺派",它的观念反映了激进资产阶级的要求,深得法国中基层资产阶层的拥护。胡格诺派力量生长很快,到1562年新教徒团体有2000多个,分布法国各地,其信徒约占全国人口的四分之一。巴黎大屠杀发生后,埃斯奎默林一家离开法国去了荷兰。

> 胡格诺派教徒名字的法文原文为Huguenot(英文的拼写与之相同)。把法国加尔文宗新教徒称之为"Huguenot"的由来,流行最广的有三种说法:Huguenot源自瑞士德语Eidgenosse(宣誓入盟者)。法语的最初相应词为"eiguenot",后演变成为"huguenot"。后一词是故意把该派人士与其时在日内瓦活动的反王权的斗士贝藏松·胡格(1482—1532年)联系起来,强调他们非常激进。
>
> 无论是哪一种说法,都是当时法国天主教徒对法国加尔文宗新教徒的蔑称,也表现出当时的法国天主教徒对新教徒的成见、仇恨有多深!

在于,"北非海盗"以宗教信仰作为基础挑选袭击目标船只。

正因为这个身份,才让埃斯奎默林的名字不仅登记在荷兰外科医生行会名册上,还出现在加勒比海盗的花名册上。

海盗作家

埃斯奎默林将接触到的所有海盗事迹写成一书,名为《美国海盗》,在1678年发表,书中记录了很多关于海盗的生活细节,比如关于食物的记载。不管是哪条海盗船,其食物都是匮乏的,而且船长与船员所吃的东西是一样的。据埃斯奎默林书中记载,如果船员发现船长的食物比自己的好,就会毫不客气的与之交换食用。

埃斯奎默林的书中还记载着关于海盗的人数。由于海盗人数太多,无法同时栖身于一艘船上,当这种情况出现时,他们就会组建"海盗中队"。以摩根船长为例,他就曾统领着一支由37艘船和2000人组成的海盗船队进攻抢劫。就这样的规模来说,足以攻打西班牙在美洲大陆沿岸的各个据点了。埃斯奎默林还在其他地方提到,曾有一伙西印度海盗"其手下可参与打家劫舍的船只至少有20艘"。

由于埃斯奎默林的记录,让我们了解了海盗中的分赃、决斗以及他们的生活,是17世纪海盗最重要的资料来源之一。

杀人如麻的海盗
弗索瓦斯·洛

加勒比海盗

> 弗索瓦斯·洛（1635—1668年），以残暴和野蛮而著称。西班牙人因此称他为"连枷的西班牙"，血腥的海盗永远漫游大海之上。

美国1684年的海盗历史记载，弗索瓦斯·洛的出生地是莱萨布勒多洛讷。17世纪50年代，他第一次作为契约佣工来到加勒比海，并一直持续到1660年。期间，在他抵达圣多明克之前，开始徘徊于海地的各个岛屿并成为一个海盗。他主要掠夺航行在西班牙和西印度群岛之间的船只。这样度过了两年的海盗生涯。

死里逃生

在一次出海中，弗索瓦斯他们的海盗船在墨西哥坎佩切附近发生了海难，一群西班牙士兵趁机袭击了弗索瓦斯和他的船员，海盗们全军覆没。弗索瓦斯隐藏在死人堆里侥幸逃生。

西班牙士兵离开后，弗索瓦斯逃到了托尔图加岛（龟岛）。海盗们利用托尔图加岛易守难攻的自然条件，把这个位于大西洋西部加勒比海的岛修建成了一座固若金汤的海盗要塞。

凶猛残忍的弗索瓦斯

公元1666年，弗索瓦斯从龟岛纠集了8艘海盗船和440名船员，袭击了委

▲ [马拉开波]

马拉开波位于委内瑞拉西北，是该国仅次于首都加拉加斯的第二大城市，也是苏利亚州的首府。

内瑞拉海岸富庶的马拉开波城。该城位于今委内瑞拉首都加拉加斯以西，经过三个多小时的血战，海盗们攻下了城堡的要塞，然后他们沿一条运河进入城区，攻下了城池，城里的大多数居民惊慌失

加勒比海盗 | 55

措地竞相外逃。

弗索瓦斯在马拉开波城进行了几个星期疯狂的烧杀掳掠。弗索瓦斯是一个凶残的虐待者，他的罪行包括用剑把受害者的肉切片，用火烧活着的受害者，或者把受害者的头部用绳子绑在船的桅杆之上直到他们的眼睛被挖出。海盗作家埃斯奎默林在《前任海盗的传说》中记录了他的行为，"因为这个俘虏拒绝帮助他，他用弯刀切开俘虏的胸膛，用他亵渎神明的手拿出心脏，他的牙齿开始撕咬，像一个贪婪的狼。弗索瓦斯对他的同伙说：如果你不按照我说的去做，我的刀和牙齿将为你服务"。他们不但抓了许多俘虏，圈了成群的骡马，还抢掠了大量的黄金。

随后，弗索瓦斯又带着他的海盗团伙去了海地岛。在那里，海盗们又是大开杀戒，劫得大量黄金，还有宝石、银器、丝绸以及大量的奴隶。

恶魔般的海盗死于印第安人的乱刀之下

在袭击了马拉开波城不久，弗索瓦斯又组织船队前往直布罗陀城并击败了守卫该城的500名西班牙士兵。海盗们在那里待了足足一个月，日复一日地饮酒狂欢和搜刮珍宝。他们对得到的战利品仍然不知足，于是又返回马拉开波进行勒索，三日后才心满意足地离开。

弗索瓦斯肆无忌惮的作风以及他所掠夺的大量财物，使许多海盗愿意投靠

▲ [直布罗陀]

直布罗陀是英国的海外属地之一，位于西班牙南面，欧洲伊比利亚半岛南端的城市和港口，直布罗陀的战略地位重要，是重要的要塞和海空军基地。

他，而全然不在乎他的变态行为。他可以轻易地组建一支舰队攻打尼加拉瓜海岸附近的西班牙村落。他本人最终也没有得到好下场，他后来被印第安人抓住了，印第安人将他切成碎尸烧掉，骨灰被撒在风中，以示弗索瓦斯这个魔鬼再也不会出现。

马拉开波也有"小威尼斯"的美誉，因为曾经有一位探险家到此地后发现马拉开波湖沿岸的风光和土著居民的水上住宅酷似意大利威尼斯，因而被称之为"小威尼斯"。

爱尔兰海盗女王
格雷斯·欧玛蕾

海盗的世界是嗜血、残暴的，在纵横四海的海盗头领当中，鲜有女性存在。毕竟海上恶劣的自然环境、残酷的战斗生活和航海的传统，都排斥女性的存在。在加勒比那群海盗还未壮大之前，就有这样一位女性，她是海盗也是战士，更是一群男人的领袖，她就是——格雷斯·欧玛蕾。

▲ [格雷斯·欧玛蕾雕像]

从小立志做船长

在爱尔兰有一位酋长，他是一名战士同时又是一位船长，人称"黑橡树"。他有一个女儿叫格雷斯·欧玛蕾，也就是本文要介绍的海盗女王。

1530年出生的格雷斯·欧玛蕾一直把自己的船长父亲当作偶像，十几岁开始她就剪掉长发，穿上男装跟随父亲出海，虽然这样没有了女孩子的优雅，但还是深受父亲船上的船员们喜爱，获得了一个响亮的绰号"秃头格雷斯"。

首战获胜

在一次随父亲船队出海时，船队遭遇了英国海盗的偷袭，父亲"黑橡树"为保护格雷斯，让她躲在甲板下，可是格雷斯却爬上了船桅，然后一跃，从天而降，在海盗头顶出现，成功帮助父亲击退了英国海盗。

图说海洋 世界闻名的海盗

寡妇船长格雷斯

长大后的格雷斯嫁给了爱尔兰贵族奥弗莱厄蒂，其丈夫在一次家族内部战争中身亡，而丈夫的叔伯兄弟们却瓜分了本该属于格雷斯的遗产。生性倔强聪明的格雷斯，为了讨回公道，搬出爱尔兰习俗，她可以继承丈夫的遗产，在娘家力量的支持下，格雷斯获得了夫家三艘船只和 200 名水手的管理权。

有了这些船只，正好可以实现儿时的梦想，格雷斯是天生的战士，凭借着从父亲那里学到的航海知识和技能，南征北战，渐渐脱离了夫家的控制，回到了娘家。

此刻的格雷斯已经拥有了一支庞大船队，她的海盗帝国控制了克鲁湾及五座城堡。

求婚新夫

为了能够让自己的势力更加庞大，格雷斯打算与理查德·宾汉爵士联姻，于是格雷斯便直接登门求婚，并告诉理查德·宾汉爵士如果他们能联姻，可以加强爱尔兰东北部海岸的海防，扩大势力抵抗外侵，开始理查德是拒绝的，可是经不住格雷斯三番五次的登门求亲，

▲ [格雷斯第二任丈夫－理查德·宾汉爵士]

1603 年格雷斯葬于 12 世纪建造的西多会教堂，教堂内部是精美的欧梅里家族徽章，上面描绘了家族狩猎、出海和英勇作战的场景，但是却没有格雷斯的棺椁。据说她的棺木在大徽章之后，但是没人确切知道是否真的如此。

▲ [理查德·宾汉爵士故居]

此城堡名为：Rockfleet，有 4 层，高 18 米，如今已对公众开放。此楼建于 16 世纪中期，是格雷斯和理查德主要的生活场所。

58 | 加勒比海盗

最后理查德答应了她为了扩张势力的求婚。结婚一年后，格雷斯的势力如愿以偿的得到了空前的扩张，此时格雷斯对理查德说"你解放了"，意思是如果理查德愿意，随时可以结束婚姻了。但理查德却一直没有同意离婚，因为理查德已经爱上了霸道的格雷斯，他们的婚姻一直持续到理查德去世。

与伊丽莎白一世女王的见面

由于格雷斯横行海上，沿着康诺特郡海岸打家劫舍、抢掠过往商人不说，还屡屡对贵族们的城堡和政府军队发动攻击，英国人无奈之下，抓走了她的儿子和弟弟以要挟格雷斯。

格雷斯获知儿子和弟弟被俘后，立刻起航，会见了女王伊丽莎白一世——海盗时代另一位伟大的女人，格雷斯不会英文，凭着一口流利的西班牙语和女王交谈自如。她请求女王释放她的亲人，并承诺帮助女王对付敌人。

传说格雷斯说完这些后，打了个大喷嚏，女王的侍臣递给她一块绣工精致的名贵手帕，擤完鼻涕后，格雷斯毫不在意地将手帕丢进了燃烧的壁炉。侍臣目瞪口呆，而女王只是温和地责备说，她应该将手帕放进口袋。格雷斯答道，爱尔兰人从不把脏东西放入口袋，这样才能更好地保持清洁，女王笑了，然后答应了她的请求。

比英国女王大 3 岁的格雷斯，有着能让女王羡慕的经历，我们知道伊丽莎白一世终身未嫁，却有着数不清的情人，想出海远航也只能到德雷克的船上一游；而大她 3 岁的格雷斯·欧玛蕾，相比之下，活得可就自由多了。老公，死了一个再换一个；带领海盗船队创建了自己的海盗帝国。60 岁的格雷斯还在当海盗，在她 70 岁离世时已经富甲一方。在如今的爱尔兰西点庄园，那里布置得像一个海盗之家，房间里摆满了百宝箱、海盗旗、白兰地酒桶、弯刀、燧发枪和一些有趣的化妆镜。游暇之余可以听格雷斯·欧玛蕾的第 14 代传人讲述他们的祖先海盗格雷斯的故事。

▲ [格雷斯与伊丽莎白一世的见面]

加勒比海盗

奇怪的海盗船长
斯蒂德·邦尼特

斯蒂德·邦尼特（1688—1718年）是一位18世纪初期的英籍海盗，他与他的船员航行过东部沿海地区的十三个殖民地。尽管他声名狼藉，但经常被称为"绅士海盗"。

▲ [黑胡子抢夺英国商船]

海盗大多是因为生活贫困被迫成为海盗，但斯蒂德·邦尼特却不是这样。邦尼特生于英国，受过良好的教育，而且参加过英法战争，凭借聪明才智，他甚至升到了少校的军衔。他没有继续在军中发展，却选择了退役。之后，邦尼特搬到了巴巴多斯岛开始了庄园主的生活。但不知道什么原因，邦尼特悄然放弃了这一切，成为了一名海盗。

自费做海盗

邦尼特首先买了拥有10门大炮的单桅炮舰，将其命名为"复仇"号，并招募了70多名水手，但他并不与船员签订什么合约，而是雇佣他们。他所做的这一切，都是自费做的，这样的做法虽然民主，但也埋下了隐患。

邦尼特并不缺钱，所以当他截获了7艘船只时，他只拿走少量需要的商品，不动船上其他的货物与人员的私人物品，然后再把到手的船只放走，让他们继续航行。看起来如此"人道"的抢劫，令邦尼特的手下非常不满，因为他使海盗们失去一次次发财的机会，而邦尼特依然故我的做着这样的海盗。

由于邦尼特不遵循海盗的习惯，没有获得更多的收入，终于激怒了这些手下，而他又不会开船，在没有得到邦尼特允许的情况下，他的手下们便把船开到了洪都拉斯湾。

加勒比海的洪都拉斯湾可是海盗们聚会的地方，有着数不清的酒吧、赌场和妓院。在这个地方，邦尼特认识了"黑胡子"蒂奇，两人相谈甚欢，而由于自己的那艘船也当不了家，于是邦尼特便去蒂奇的船上当水手去了。

对海盗仁慈却换不回海盗对自己的仁慈

不久之后，不知道什么原因，邦尼特与蒂奇决裂了，于是他又组织了一支自己的船队，并自封"托马斯船长"继续他的海盗生涯。本来可以继续做海盗，结果他又通过关系得到了英国国王的赦免，并领到了一张拘捕证，从此他摇身一变就成了正规军，可以名正言顺地打击他国的船只。奇怪的邦尼特，果然不负他"奇怪"的名称，他不按常理出牌，不但打击了西班牙船，还抢劫了不少英国货船，虽然他只拿走自己需要的东西，但还是惹怒了其他海盗和英国人。

1718年，为了报复邦尼特，海盗们设计让邦尼特的船触在暗礁上搁浅并被军舰围攻，邦尼特与他们持续进行了近5个小时的炮战，由于寡不敌众，船员顶不住就投降了，并把邦尼特交了出去。

邦尼特被囚禁之时，曾成功越狱，但最后还是被抓回来绞死了。邦尼特这个人，从开始出现，凭借他的才智，或许可以做一个成功的海盗，但由于他的"奇怪"，让他的一生走得没有一点章法。邦尼特或许就是一个爱玩的人，他做海盗，是为了玩；抢劫船只，也只是为了玩。他的玩法激怒了很多人，最终被自己玩死了。

"黑色笑话"船长
贝尼托·德索托

贝尼托·德索托出生于西班牙的庞特维德拉,是拿破仑时期著名的海盗,人们称他为"黑色笑话"船长。

◀ [西班牙庞特维德拉的比利亚索夫罗索古堡]

庞特维德拉是西班牙西部一座古老的城市,也是庞特维德拉省的首府,面积约118平方千米。庞特维德拉这个不许开车的"步行城"是一个令人向往的地方。这里打造城市生态环境的做法,值得世界各国中小城市认真借鉴。

德索托早年在阿根廷参加了佩德罗的海盗船队,主要参加贩卖奴隶活动。1827年,德索托与船上的其他海盗在安哥拉海岸罢工,成立了新的海盗组织。18名拒绝加入他们的船员,被他们丢弃在一艘破损的漂流船上。

德索托改变了船的名字,不再按照佩德罗的原定方案将奴隶卖到横跨大西洋的彼岸,而是将他们抢来的货物和奴隶在加勒比出售。然后沿南美海岸向南航行,去攻击英国、美国、西班牙和葡萄牙的货船。从1830年开始,他们开始冒险向东进入大西洋抢劫从印度和远东地区归来的船只。

德索托是最嗜血最凶残的海盗之一,只要是他抢劫的船只,船员都会被杀害,船只也会被沉入海底。德索托的海盗职业生涯中最臭名昭著的事件发生在1828年2月19日。

臭名昭著的事件

1828年2月19日,他们洗劫了一艘从东方锡兰返回英格兰的商船,而后用炮火杀死了船长和所有船员。

在他们关押幸存者期间,德索托和同伙强奸了船上的女性乘客。德索托还要求海盗们在天亮之前必须把船沉入海底，同时杀了全部人灭口，因为他不希望出现任何能证明他有罪的证据。值得庆幸的是，在被关在船舱中并已经开始下沉的商船中的幸存者共同反抗下，商船没有完全下沉。第二天一条商船从那儿路过，搭救了他们。

德索托的海盗船在大西洋上横行霸道，使得过往的船只都非常害怕，有一年夏天德索托决定航行前往拉科鲁尼亚。在路上他遇到了一艘帆船，他命令袭击并击没了这艘船，船员和乘客大多遇难。德索托强迫帆船上剩下的水手帮助他们航行到拉科鲁尼亚，但是当船只到达港口时，德索托将这些水手全部杀掉了。

天网恢恢疏而不漏

德索托后来因海盗船在加迪斯触礁而被俘，他和他的手下被押往直布罗陀审判，德索托和他剩下的船员被判处绞刑。

行刑的时候，德索托或许知道自己罪恶深重，他平静地将他的头伸出放在绞索里，并且提醒刽子手要注意绳索的高度。

"永远不要再见"是他的最后一句话。为了警示其他海盗的犯罪活动，他的头颅被悬挂在一条乡村公路上。

加勒比海盗

◀ [加迪斯主教座堂]
座堂代表着主教座位的存在。主教座堂指的是在主教制的基督教派中，设有主教座位的教堂，亦被视为教区的中心。

加勒比海盗 | 63

黑色准男爵
巴沙洛缪·罗伯茨

> 巴沙洛缪·罗伯茨（1682—1722年），出生于英国威尔士，喜欢穿华丽的黑色礼服并满身佩戴珠宝，不喝酒而爱喝茶，语言文雅，很是臭美，所以人们送他一个绰号"黑色准男爵"。

天生的海盗

巴沙洛缪·罗伯茨1682年出生于英国威尔士，他的父亲叫乔治·罗伯茨，他早年间曾在武装民船上服务，当了20年普通水手，1719年，在他37岁时开始参与运奴商队。罗伯茨后来加入戴维斯的海盗船，数周之后戴维斯被杀，他接任了船长一职。1719年7月，他作为海盗船长做的第一件事就是为戴维斯报仇，他率领海盗夷平了杀死戴维斯的葡萄牙殖民地，然后开始抢掠商船，他是海盗黄金时期最成功的海盗之一，控制的范围从非洲一直到加勒比海的广泛海域。

在短短的四年中，他的海盗舰队最多时共拥有400艘海盗船。罗伯茨以冷血著称，劫船后从不留下活口。他头脑聪明，作战勇敢，总是带头登上敌舰。他还以疯狂的掠夺出名，不仅掠夺商船，连海军也从不放过，他的旗舰"皇家财富"号，就是抢来的法国军舰。

1720年6月，罗伯茨的"皇家流浪

▲ [黑色准男爵－罗伯茨]

罗伯茨相貌英俊，喜欢穿华丽的服饰，他是少有的禁酒主义者，但有喝茶的爱好。

◀ [巴沙洛缪·罗伯茨的船队]

曾有人记录他一生中共劫掠400多条船只，包括普通民用船、商用甚至军队专用船只，其中知名的三艘船分别是"皇家财富"号、"皇家流浪"号、"皇家幸福"号。

号高高悬挂着骷髅旗，闯进特雷巴西港，将150余条船洗劫一空；他从中挑了一条最好的快船，作为新的旗舰，取名为"皇家幸福"号。

据说他一生掠夺了数百艘船只，其横行的地域延伸到巴西甚至更远的纽芬兰岛和西非地区，数量可以与亨利·摩根媲美，在整个海盗史上也是数一数二的。

矛盾的性格

罗伯茨相貌英俊，喜欢穿着华丽的服饰。与大多数海盗不同，他是少有的禁酒主义者，但是有喝茶的爱好。他禁止船员赌博，却鼓励他们向上帝祈祷，他本人也是海盗中少有的虔诚的基督徒。他曾经说过："合法的工作是瘦弱的平民做的，工资微薄，劳动强度很大；而做海盗会有丰厚的收入，温饱和快乐的生活，以及自由和权势；不必担心欠债，最大的代价就是受到几个煽动者的仇视。不，我的座右铭就是过及时行乐的生活。"

但是其思想和行为举止却又相悖。罗伯茨既冷血、疯狂又残暴，凡是他抢劫过的船只几乎不留活口，就是这样一个暴徒偏偏还是一位虔诚的基督徒，不得不说，他的性格充满了矛盾。

巴沙洛缪·罗伯茨之死

1722年2月10日凌晨，在非洲几内亚沿海，罗伯茨的"皇家幸福"号旗舰遭遇了英国皇家海军的"皇家燕子"号，激战中，一块葡萄弹的弹片炸开了罗伯茨的喉咙，他当场毙命。传说他的舵手，一个杀人不眨眼的硬汉完全无视周围的

加勒比海盗 | 65

> 从正文中我们可以知道，罗伯茨有着非常人的军事智慧，同时，他又是基督教的信徒，经常鼓励船员和他一起做祷告，还严禁船员之间打架斗殴，聚众赌博。这种双重性格让人搞不清楚巴沙洛缪·罗伯茨是怎样的人。

▲ [海盗骷髅标志]

枪弹，抱着他的尸体像孩子一样放声大哭。其余的海盗不愿意束手就擒，他们驾船逃跑但被"皇家燕子"号追上，失去罗伯茨指挥后的海盗们胡乱开了几炮后就无心恋战了，海盗们向英国海军投降了。他们将包括自愿加入海盗的签字文件在内的一切罪证都抛入大海，但却留下了那面印有罗伯茨形象和骷髅头的海盗旗。

据说"皇家燕子"号的舰长奥格尔虽然取得了胜利，却被罗伯茨独特的个人魅力打动，他当场决定为这位对手举行隆重的海葬，他给罗伯茨的遗体穿上了华美的礼服，上面缀满宝石，身上佩戴着他生前经常佩戴的武器和装饰品，缓缓沉入海中。海盗史上最后一位伟大的船长巴沙洛缪·罗伯茨就这样结束了他那"快乐而短暂"的一生，随着最后一位主角的退场，"30年海盗黄金时代"也在历史舞台上缓缓降下了它的帷幕。

海盗十二诫

有一次，罗伯茨带着40名手下离开他的"皇家流浪"号去袭击一艘商船，并留下手下沃尔特·肯尼迪掌管船只，结果等他返回时，发现肯尼迪已经自命为船长并带着以往的战利品离开了。经过此事后，罗伯茨吸取了教训，他完善了亨利·摩根的海盗法典，制定了严格的规章制度，即著名的"罗伯茨船规"或"海盗十二诫"，其内容包括：（1）每个船员都有权参与重大问题的决策，大家集体投票决定；（2）每个船员都应当以预先决定的次序被叫到被抢船只的甲板上去获得战利品；（3）船上禁止赌博，否则就会被放逐或者枪毙；（4）灯光和烛光都要在晚上8点钟熄掉；（5）船员必须保持武器的清洁和完好无损；（6）禁止女人和孩子待在船上。把乔装打扮过的女人带上船来的人、未经女人同意就与她乱搞的人应当被处死；（7）擅自离船或离开战斗岗位的人、偷取同伙财物的人、隐瞒秘密或财物的人，要被处以死刑或被抛到一个无人居住的岛上去；（8）船上禁止打架。所有争吵都应当在有公证人的情况下在岸上用马刀或手枪

▲ [早期船上的火炮]

来解决。杀害同伴的人要和死者绑在一起扔到海里去；（9）在每个船员尚未收到自己那份1000英镑的基金时，任何人无权离开海盗船；（10）在战斗时失去手足或变成残废的人，可以不干活留在船上，并从"公共储蓄金"里领取800块西班牙银币，受轻伤的人得到的钱就少一些；（11）船长和航海长在分战利品时要得到2份，炮手、厨师、医生、水手长分1.5份，其他有职人员分1.25份，普通水手分1份；（12）乐师们每逢星期天都可以休息。而在其余的6天里，他们都应当奏乐供船员们消遣。违反任何一条规则的人，都会受到严厉的惩罚。罗伯茨的海盗十二诫被后来的许多海盗当作行为准则。

葡萄弹：18世纪海军常用的一种密集型小炮弹，一颗葡萄炮内常含有30～60颗，甚至120颗小铁球，射出后散开，经常用来撕裂敌方船帆，或是对甲板上的人员进行大面积杀伤。

残暴者
亨利·摩根

图说海洋 世界闻名的海盗

他是《加勒比海盗》系列电影中的大反派,也是真实历史上加勒比海盗中最臭名昭著者,他是一个令所有人闻风丧胆的恶鬼,他就是海盗之王亨利·摩根——一个双手沾满了普通人及海盗鲜血的"残暴者"。

海盗之王

1929年,诺贝尔奖获得者斯坦贝克发表了他的第一篇小说《金杯》,这篇传记体小说的主人翁就是大名鼎鼎的亨利·摩根。摩根1635年出生于英国的威尔士,1688年病死,在以短命而著称的海盗群体中,他算是活得久的。

摩根的童年无法追溯,他最初也许是作为契约工人来到加勒比海的,后来变成了牙买加岛上的一名英国士兵,在那里他结识了不少小偷、骗子、逃奴和杀人犯,这些人纠集成很多帮派的海盗,那时候英国正在抗击西班牙人,海盗们怀揣女王颁发的私掠许可证四处攻击西班牙的商船和居民点,成为得力帮凶。

1663年,摩根带人在中美洲大陆袭击西班牙人的地盘,掠夺了大量财宝,之后他回到牙买加的皇家港,娶了已经当上加勒比英军指挥官的叔叔爱德华·摩根的女儿,并被任命为皇家港的准军事部队的司令官。到1668年,他已经成为英国海军中将,掌管一支由15艘船和900多名船员组成的舰队,与此同时,海

▲ [亨利·摩根]

盗们也推举他成为牙买加海盗的总头目,脚跨黑白两道,他以作战策略之精、远征范围之广和无数次的胜利而闻名加勒比海。

同年,他攻陷了西印度群岛第三大城市贝略港,该城固若金汤、很难拿下,很多有经验的海盗都认为要攻破它是不可能的。摩根使用独木舟,夜间悄悄潜

入港口，突破了前两道防线，然后被第三道强有力的防线挡住了。摩根想到一个卑鄙的主意，他命令手下做好城梯，将所有能抓到的牧师、修女全都抓来，利用西班牙人对宗教的虔诚攻城。海盗们趁笃信天主教的敌人慌乱之际，拿下了这座重镇。亨利·摩根名声大噪，被称作"可怕的人"。

1669年摩根进行了另一次远征，他率领8艘船650名水手袭击了委内瑞拉湾沿岸的两个城市。在他们回程时发现航道被西班牙军队封锁了，海湾的岸上架着大炮，还有三艘巨大的战舰横在海峡外面。摩根命人趁西班牙人不备时，用装上炸药的小船炸沉了两艘敌舰。另一艘敌舰也被海盗们捕获了。他又派人佯装登陆，使西班牙人误以为海盗们打算在陆地上交锋，所以调转了炮头。当天夜晚，摩根在暮色的掩护中，率领船队悄悄离开了海湾。

这次作战后，摩根确立了海盗之王的地位。

从海盗到总督

1670年1月，摩根召集了36艘船2000名海盗，他们向巴拿马进发。西班牙人奋力抵抗但损失惨重。海盗取得了最后的胜利，他们劫掠了价值200万英镑的财物。但此时英国已与西班牙签署了停战协议，愤怒的西班牙政府要求英国交出摩根并表示要严惩他。英国为了不和当时的海上霸主西班牙撕破脸皮，不得已逮捕了摩根并把他押往伦敦受审。摩根坐着自己的海盗船，一路如旅游般回到英国，他先处置了自己的财产，售卖了许多珠宝，然后才前往法庭，法庭对他相当宽容，社会上甚至有大批名流替他开脱，这次审讯，不过是应付西班牙的一场闹剧而已，当然他最后也被判

在巴拿马的3处世界遗产中，有两处都和英国海盗摩根有关

▶ [巴拿马古城]

西班牙征服者帕卓若斯·戴勒于1519年建立了巴拿马古城。1671年，巴拿马古城被加勒比海盗亨利·摩根洗劫并焚毁，几百年来劫后的残壁断墙在西风中述说着巴拿马城的渊源历史，成为旅游者必游之地。

加勒比海盗

图说海洋 世界闻名的海盗

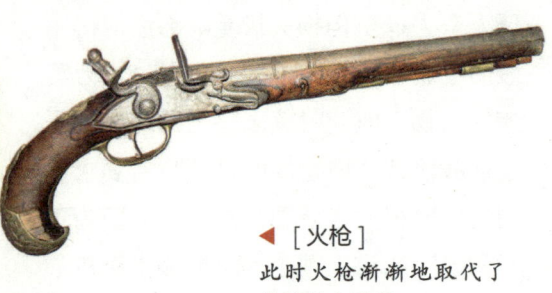

◀ [火枪]
此时火枪渐渐地取代了传统的冷兵器。

处入狱。

摩根入狱后,加勒比地区的海盗活动并没有停止,而且越来越猖獗,严重影响了贸易的进行。由于摩根在海盗中太有影响力,英国国王查理二世决定以毒攻毒,利用摩根对海盗的熟悉打击海盗。1674年,查理二世授予摩根爵士爵位,任命他为牙买加副总督,并担任海事法庭法官,打击并审判海盗。摩根也忠实地履行了自己的职责,他先是对海盗进行劝说,劝说无效的就进行打击。他这一手拉一手打的做法分化了海盗队伍,一些海盗转行做了正规船员,而海盗中的顽固分子都被他清剿。几年下来加勒比海的贸易开始恢复正常并逐渐繁荣,此后的摩根俨然成为了一个受人尊敬的官员,他还在当地成为了一个富豪庄园主,晚年甚至是一个受人尊敬的好人。

1688年,53岁的摩根因病去世。据说他生病时让一名黑人巫师替他灌肠并在他全身敷上黏土,这反而加重了他的病情。不久之后,这位海盗之王便一命呜呼了。摩根被埋葬在皇家港的教堂墓地中,但他的墓地在1692年的海啸中随着2/3港口被淹没。

▲ [波托韦洛－圣洛伦索－巴拿马]
当时的波托韦洛－圣洛伦索,是加勒比海沿岸一个重要的航运港口和陆路中转枢纽,同时也是秘鲁来货的存放地和西班牙来货的检查站。得天独厚的地理位置,使它成为商贾云集之地。

▲ [英王查理二世]
查理二世,苏格兰及英格兰国王。查理二世是查理一世与亨莉雅妲·玛利亚的长子。早年父亲查理一世被克伦威尔处死,查理二世被迫流亡外国。1658年克伦威尔去世,由其子理查·克伦威尔继承护国公。理查无力镇压反叛的贵族与军官,英国政坛混乱,国会遂声明由君主制复辟,查理二世因此得以返回英国。

70 | 加勒比海盗

皇家海盗
弗朗西斯·德雷克

他是"魔鬼海峡"德雷克海峡的发现者，也是16世纪著名的航海探险家和海盗，他曾击溃西班牙的无敌舰队，他就是皇家海盗弗朗西斯·德雷克——一个人生充满了争议的人物。

▲ ［弗朗西斯·德雷克］
弗朗西斯·德雷克（1540—1596年1月27日）出生年份也有所争议，有一说他在1535年出生。他的小名为 El Draque，也就是西班牙文"龙"的意思。

加勒比海盗

海盗德雷克

德雷克出生于英国德文郡的塔维斯托克，他的父亲是一个自耕农。1549年康沃尔郡天主教徒曾经发起"祈祷书叛乱"，反对爱德华六世使用英语祈祷书的决定。不久叛乱蔓延到德文郡。德雷克的父亲是一个虔诚的新教徒，所以，他迁居到了当时新教徒势力强大的普利茅斯，到湾内的一个小岛上避难，现在这个小岛被命名为德雷克岛。

不久德雷克的父亲又迁到泰晤士河河口附近的古灵厄姆，充任查塔姆船厂工作人员和水手们的临时牧师。德雷克则在韦特兰船长手下做见习水手，来往于法兰西和荷兰沿岸，学习航海的实际业务。

德雷克17岁就当上了沿海航线小帆船的船长。当他听闻表兄约翰·霍金斯在三角贸易中获得巨大利益之后，便毅然把自己的船卖掉，参加了约翰·霍金斯组织的第三次航海。

1568年，德雷克和他的表兄约翰·霍金斯带领五艘贩奴船前往墨西哥，由于受到风暴袭击而向西班牙港口寻求援助，但是西班牙人欺骗了他们，并对他们进行了袭击，造成数艘船舰在墨西哥韦拉克鲁斯被击沉，即圣胡安战役。西班牙人的欺骗险些让德雷克丢了性命。从此后他发誓在有生之年一定要向西班牙复仇。

这次战役也导致英国和西班牙两国关系迅速恶化，但当时西班牙的海上霸主地位不可动摇，因此英国女王伊丽莎白向海盗发放了私掠许可证，鼓励他们向西班牙商船发起攻击，自从获得女王颁发的私掠许可证后，从1571年起，德雷克就率领自己的船队开始对西印度群岛和中南美洲的西班牙殖民地进行无休

加勒比海盗 | 71

止的袭击和掠夺。1572—1574 年间，德雷克两次在西班牙的财宝存放地巴拿马地峡的诺布尔德迪埃斯附近登陆，抄山间小路奇袭西班牙珍宝船队，夺得了大量的财宝，在返回英国后被誉为民族英雄。

德雷克的环球之旅

1577 年，德雷克再次从英国出发，乘着"金鹿"号直奔美洲沿岸，一路打劫西班牙商船，但他也遭到了西班牙军舰的追击，由于西班牙海军的封锁，他无法通过狭窄的麦哲伦海峡，在一次猛烈的风暴中，"金鹿"号同船队其他伙伴失散了，被向南吹了 5° 之多，来到了西班牙人也未曾到过的地方，这就是今天的"德雷克海峡"，而后德雷克穿过了海峡，于 1579 年 7 月 23 日到达了马里亚纳群岛，8 月 22 日穿过北回归线，9 月 26 日回到了阔别已久的普利茅斯港，再次成为了"民众的英雄"，这次航行

1567 年，德雷克第一次探险航行，从英国出发，横越大西洋，到达加勒比海。
1569 年，德雷克第二次探险航行，从加勒比海再往前，到达了中美洲。
1577 年，第三次探险航行，德雷克循着麦哲伦的航线出发。由英国前往大西洋，抵达了南美洲东海岸。
1578 年 8 月，德雷克通过了南美洲南端最危险的麦哲伦海峡。为了纪念所剩下来的最后一艘船，德雷克将之改名为"金鹿"号，因为此船赞助人海顿爵士的徽章盾牌上是一只金鹿。
1579 年，德雷克与"金鹿"号沿着南美洲西岸往北航行，北上一直航行到北纬 48°的加拿大西海岸，发现无法通过北冰洋，只好改为横越太平洋向西航行，他们经过菲律宾群岛，穿过马六甲海峡，横越印度洋，绕好望角再次横越大西洋。
1581 年 4 月，女王伊丽莎白一世亲自登船赐予德雷克皇家爵士头衔。
1588 年，德雷克成为海军中将，在军旅中曾参与击败西班牙无敌舰队。
1937—1970 年，有 33 年的时间，英国的钱币半便士上一直以德雷克的"金鹿"号为图案。

▶ [英国女王与德雷克 - 插画]
伊丽莎白一世不但给了德雷克经营私掠船的授权，还是冒险远航的主要股东。她希望德雷克能够通过征服大海的成功，树立英国在海上"蚕食西班牙"的标杆，进而吸引更多的人投入到海洋冒险事业。

▲ [正面是英国女王背面是"金鹿"号的硬币]

正面是英国女王，背面是"金鹿"号的硬币，可见此船曾经被重视的程度。

"金鹿"号船型为大航海时代的盖伦型三桅帆船，全船长约26米。"金鹿"号原是一艘在英国女王伊丽莎白一世时期（1558—1603年）的英格兰盖伦船（西班牙式大帆船），它由于是德雷克环球航行的旗舰而闻名于世。在首桅和主桅上除了挂有首帆和主帆外，还挂有顶帆，尾桅上挂三角帆，首斜杠上撑有斜杠帆，有18门加农炮。

据说伊丽莎白女王一世登上德雷克的座舰进行授勋嘉奖仪式时，因为女王终身未嫁又姿色犹存，德雷克害怕手下海盗粗野无知看到漂亮的女王会做出下流的动作，于是命令他们全部用右手挡住眼睛。女王登舰后很奇怪问德雷克怎么回事，德雷克说这是海军礼节，后来慢慢演变成现代军礼。

当时的西班牙人控制了整个美洲大陆，垄断了美亚贸易，封锁了航道，美洲原住民囤积的大批黄金都被西班牙人运回了欧洲。为了保障他们在海外的利益，西班牙建立了一支拥有100多艘战舰、3000余门大炮、数以万计士兵的强大海上舰队。这支舰队在地中海和大西洋上横行霸道，西班牙人骄傲地自称为"无敌舰队"。

是继麦哲伦之后的第二次环球航行，但德雷克却是第一个自始至终指挥环球航行的船长。

德雷克带回了数以吨计的黄金白银，丰富了女王的腰包，更重要的是德雷克为英国开辟了一条新航路，大大促进了英国航海业的发展，而且他还发现了宽阔的德雷克海峡，自此以后，太平洋再也不是西班牙的海了。1580年他再次带领船队进行了一次环球航行。

人生巅峰：击败无敌舰队

1588年7月31日拂晓，英、西双方舰队在英吉利海峡展开决战。英国的舰队总司令是海军大臣霍华德，而副总司令则是德雷克，他们分别乘坐旗舰"方舟"号和"复仇"号。在这次战争中，英国舰队大败西班牙无敌舰队，杀死杀伤大量西班牙军舰船员，并击沉大量的无敌舰队军舰，史称格拉沃利讷海战。此战过后，西班牙海军一蹶不振，英国开始成为海上强国。在这次海战中英国海军拉开距离，利用火炮战斗的先进战术发挥了重要作用。战后德雷克被封为英格兰勋爵，成为海盗史上的传奇。

但随着1589年科伦纳·里斯本远征失利，被国民誉为民族英雄、长期深受恩宠的德雷克，逐渐失宠和被疏远了，人生开始走下坡路。而1595年，在远征西印度群岛时，由于德雷克与霍金斯间的争吵以及德雷克指挥上的失误，也没有取得任何成果。1596年1月27日，德雷克因为痢疾病死于巴拿马。

无旗海盗
简·拉斐特

> 简·拉斐特是活跃在19世纪初的一位法国著名海盗，由于新奥尔良一役而闻名，也是有史以来最浪漫的一位谜一样的传奇人物。

简·拉菲特是一名法国海盗，其父母是上了断头台的法国贵族。大约在1782年，在父母去世后，幼小的他由外婆抚养，据传说他的外公在西班牙被谋杀，所以从小他就被外婆灌输了对西班牙的仇恨，长大后，拉斐特在圣克罗伊岛航海军事学院接受了教育，学习了炮兵和剑术。19世纪初他开始了海盗生涯，主要活跃在墨西哥湾附近，通过倒卖奴隶和象牙获利。他的船上飘扬着卡塔赫纳（哥伦比亚一个宣布独立的西班牙城市）的国旗，一般人看不出来，所以被称为无旗海盗。拜伦曾这样赞誉他："他只留下了海盗的名声，但比起其他成千上万种罪过，他是美德的化身。"

政府悬赏300美金捉拿他，他得知消息后，居然拿出1000美金给向他通风报信的人，这让政府意料不到，也让他迅速成名。拉斐特在鼎盛时期拥有50艘船和1000多名手下，其基地设在大特雷和巴拉塔利亚沼泽。1814年1月8日，英军进攻新奥尔良，英国人联系上了拉斐特，试图说服他加入英国海军，参与

▲ [简·拉斐特]
拉斐特的基地设有咖啡馆、赌场、仓库和谷仓（用来关押奴隶）。他会说4种语言——英语、法语、西班牙语和意大利语，还是出色的组织者、战略家和观察家，主要经营奴隶生意，来如风去如电，甚至很难用言语形容他是个怎样的人。

在路易斯安那附近的海战。拉斐特欺骗了他们，在搜集到情报之后就投奔了美国政府并且提出以赦免他和他的船员们的所有罪责作为交换条件帮助他们。

美国政府接受了他的提议，在拉斐特的帮助下，新奥尔良赢得了这场战役。他和他的手下战后都过着遵纪守法的富裕生活。但很快他的手下就耐不住寂寞，重操旧业，导致18人被判处绞刑。心灰意冷的拉斐特离开了他的手下远走高飞，从此不知所踪。有人说他曾在南美帮助过玻利维亚的独立革命，也有人说他在一个偏僻的小岛上死于高热病，种种说法，不一而足。

功成身退的海盗
亨利·埃弗里

加勒比海盗

他是"黑胡子"海盗青年时代的偶像,也是笛福名著《海盗船长》的原型;他曾劫持了印度莫卧儿王朝的财宝运输船并赢得了船上公主的爱情;他被当局追捕却能够全身而退,他就是亨利·埃弗里——一个海盗中的传奇人物。

埃弗里成为船长

亨利·埃弗里(1653年—?)原名约翰·埃弗里,出生在英国的朴茨茅斯,他开启了海盗的黄金时代,是不少海盗,比如"黑胡子"青年时代的偶像。埃弗里十几岁就上船当了见习水手,后来曾到英国皇家海军服役,还当上了大副,因为比奇角战役的失败而被革职。此后他在非洲几内亚湾从事黑奴买卖。40岁那年他做了私掠船"查尔斯二世"的大副,该船受西班牙政府雇佣,专门打击法国的商船和海盗。

1694年开始,他们在加勒比海上漫无目的搜索法国船只,但大半年时间他们都没有遇到猎物,水手们都没有收获,因此心怀不满,而且此时更传来了托马斯·图在东方发财的消息。埃弗里觉得发财的时候到了,他开始计划哗变,由于他平日里在水手中颇有威信,几乎没费什么力就争取到了所有的水手。1694年5月,当船在西班牙的拉科鲁尼亚港补给时,一天深夜趁船长查尔斯·吉布森喝得酩酊大醉之际,埃弗里劫走了商船,在开船离去之际,他把吉布森放进

▲ [20世纪早期绘画,亨利·埃弗里破门进入公主的船舱]

> 青年时期埃弗里曾在英国皇家海军服役,大小战争经历过不少,据推测很可能参加了当时的九年战争的许多战役。通过战争的洗练,埃弗里还当上了大副,是当时担任同样职位的船员中最年轻的一位。然而好景不长,因为比奇角战役的失败,埃弗里被从皇家海军革职。

一条小船中,并对他说:"天注定我将获得财富,因此我必须追逐财富。"他宣布自己为新的船长,更换了新的船旗,并且给船重新起了个好听的名字——"幻想"号,当他们行驶到红海海口时,遇到了另外五条志同道合的海盗船,它们结成一伙继续向东,埃弗里被推举为了这支"联合舰队"的指挥,一切都已准备好,只差猎物出现了。

加勒比海盗 | 75

> 关于埃弗里的结局，后世流传着各种版本。一种说法是他的财富被骗得精光，最后沦为身无分文的乞丐，在伦敦街头潦倒而死。另一种说法是他回到马达加斯加，变成海盗之王，统治一个海盗帝国，指挥一支帝国舰队。

袭击了印度莫卧儿王朝的船只

1695 年 8 月，"幻想"号遇到了莫卧儿王朝的财宝运输队，但由于距离太远，他们没能追上 25 艘宝船中的任何一艘，正当大家充满沮丧之际，一个庞然大物"冈依沙瓦"号出现在了地平线上，"冈依沙瓦"是当时莫卧儿王朝最大的船，装有 62 门大炮和 500 名枪手、600 多旅客以及 50 万块金锭和银锭，水手是"幻想"号的 4 倍，尽管如此，埃弗里还是毅然决然地指挥着小小的"幻想"号冲了上去，埃弗里有着丰富的航海经验，再加上他那天生的判断力使得"幻想"号很轻易地抢到了上风头，"幻想"号迎着"冈依沙瓦"号的乱炮开火了，并准确地击毁了"冈依沙瓦"号的主桅，当印度人乱成一锅粥时，海盗们登船了，经过约 2 个小时"甲板战"，懦弱的印度船长宣布投降，巨大的战舰"冈依沙瓦"号被一艘海盗快船击败了，船上大量的财宝被抢，传说船上还有当时莫卧儿六世皇帝奥兰扎布的孙女，她也被埃弗里劫走并最终爱上了他。奥兰扎布一方面向东印度公司索赔，另一方面向英国施压，从此以后，亨利·埃弗里就成了大英帝国的头号通缉对象。

1696 年，埃弗里的海盗集团散伙后，集团中的许多人都是一踏上英国土地就被挂在了绞刑架上，只有埃弗里逃脱了。他首先跑到了巴拿马群岛，在那里他用象牙和武器贿赂了拿索酋长，得以获准另换一条较小的船只逃往欧洲。抵达爱尔兰后，英国海军闻风赶到，但只捉到了埃弗里的同党，埃弗里早已销声匿迹，而且再也没有人见过他。有人说他隐居在了都柏林，还有人声称在他的家乡朴茨茅斯看到过他，他的故事被编成剧本在伦敦皇家剧院演出，获得了极大的轰动，笛福的名著《海盗船长》中的辛格尔顿船长就是以埃弗里为原型塑造的。

▲ [泰姬陵 - 莫卧儿帝国遗迹]

闻名世界的印度泰姬陵，堪称人类史上最经典的伟大古迹之一，被誉为"完美建筑"。虽然泰姬陵是印度的杰作，但创造这一杰作的印度莫卧儿帝国，对土生土长的印度人来说，却是外来的侵略者。

> 莫卧儿王朝是成吉思汗和帖木儿的后裔巴卑尔自乌兹别克南下入侵印度建立的印度封建王朝。"莫卧"意即"蒙古"。在帝国的全盛时期，领土几乎囊括了整个印度次大陆，以及中亚的阿富汗等地，是一个伊斯兰教封建王朝。

海盗探险家
威廉·丹皮尔

威廉·丹皮尔，1652年出生于英国萨默塞特郡的东科克，是英国著名海盗、航海家、海图绘制家、澳大利亚的发现者。他的第一身份是"探险家"，而并不是"海盗船长"。

▲ [威廉·丹皮尔]

海盗船长

威廉·丹皮尔16岁时在印度洋上当过见习水手，后来应征入伍成了一名英国皇家海军，并参加了英荷海战。他是一个思想敏锐、性格豪放的年轻人，总是有问不完的问题，同军队作风格格不入。

1673年，21岁的丹皮尔加入了西印度群岛一带的海盗集团，袭击西班牙的船只，1683年他们又转移到了几内亚湾，并来往于南美沿岸攻击西班牙商船。凭着胆量和才干，他很快就成了海盗船长。

《新环球航海记》

和其他海盗不同，丹皮尔对金钱和珠宝并不在意，却对气象、水文现象和海洋动植物有着浓厚的兴趣。

1688年1月初，丹皮尔驾驶"塞格奈特"号来到了一块地图上从未有过记载的陆地（澳大利亚西北部靠近金湾的一个半岛附近），停在那里进行休整。威廉·丹皮尔利用这段时间上岸，调查研究了周围环境，观察记载了陆地上的动植物和土著。丹皮尔断言："这里既不是亚洲也不是菲律宾群岛的一部分。"由于这个缘故，后来这里就被称作丹皮尔半岛。他回到英国后因为海盗恶行不显，政府并没有对他加以追究。1693年他根据自己的经历写成了《新环球航海记》一书并引起轰动。

1699年丹皮尔再次出航，他不再是以海盗身份，而是响当当的"皇家海军军官"，他被任命指挥"罗巴克"号军舰

> 正是在此次航行之后，威廉·丹皮尔却遭到了军事法庭的审判。原来在这次航海期间，他曾把一名叫作乔治·费希尔的船员放逐到巴西，费希尔回来后向海军部提出控诉。虽然威廉·丹皮尔在法庭上愤怒地进行了辩解，但最终被判有罪，他被判处向费希尔进行赔偿，并被皇家海军解雇。

加勒比海盗 | 77

利马宝藏的知情者
威廉·汤普森

> 威廉·汤普森开始并不是一名海盗,而是一名苏格兰货船船长。但在面对价值1亿英镑的财宝时,他"顺手"抢走了这批宝藏。

西班牙自从 16 世纪征服秘鲁印加人后,在几个世纪中从秘鲁搜刮了无数的金银财宝,然而到了 19 世纪初,西班牙在秘鲁的殖民统治开始风雨飘摇。

1821 年,威廉·汤普森奉西班牙利马总督之令,用他的货船"亲爱的玛丽"号将价值 1 亿英镑的黄金、珠宝、钻石等从秘鲁首都利马市运往墨西哥。

在当地居民眼中,汤普森船长是个口碑很好、值得信赖的人,西班牙官员、主教和利马总督全都雇用了他的"亲爱的玛丽"号船,准备载着满船财宝驶往仍在西班牙控制下的墨西哥。

得到重金聘用后,汤普森船长用两天时间将利马城中 63 所教堂内的珍宝全都搬到了这艘船上。满载着宝藏的"亲爱的玛丽"号行使在茫茫大海之上。威廉·汤普森和同伙对这批价值连城的财宝起了邪念,他们杀死了船上的贵族和主教,在运送的途中将这批财宝据为己有,并将满船财宝都埋藏在了距哥斯达黎加海岸 350 英里的科科斯岛——一个荒凉无人的小岛上。

成了逃犯的汤普森船长后来加入了海盗队伍,流落到加拿大纽芬兰岛,至死都没能重回科科斯岛挖出宝藏。他在 1844 年去世前,一直受到一名叫作基汀的男子照料,汤普森死前将宝藏位置告诉了基汀,基汀随后驾船前往科科斯岛挖宝,但因和船员闹翻,基汀只带走了一小部分黄金逃离了科科斯岛。

> 汤普森埋在科科斯岛的宝藏,被世人称为利马宝藏,其中有:113 尊金像、一尊真人大小的圣母玛利亚怀抱圣婴耶稣像、200 箱珠宝、273 把剑柄上镶嵌珠宝的宝剑、1000 颗钻石、多顶纯金王冠、150 只宝贵酒杯,以及数以百计的金条银条。船上全部黄金饰品的总重量则高达 27 吨,财宝的总价值至少超过了 1 亿英镑。

> 英国 54 岁的"寻宝猎人"迈克·蒙罗曾宣称,他通过耗时 10 年研究古代地图和手稿,已经查明了利马宝藏的具体位置。蒙罗已获得了哥斯达黎加政府的"寻宝许可令",即将奔赴科科斯岛实地寻宝。根据协定,一旦蒙罗挖出这笔"宝藏",他最多只能获得其中的 1/3,另外 1/3 将上缴哥斯达黎加政府,还有 1/3 将归还秘鲁政府。

考察南太平洋，可以真正地一展身手了。

《新荷兰航海续集》

1700年2月中旬，丹皮尔又来到了当年那片只有一面之缘的神秘陆地，丹皮尔驾船考察了近1000千米的海岸线，发现这里不是什么大岛，而是一块真正的新大陆，他以女王的名义宣布这里为大英帝国的领土，并命名为"新大不列颠"，这就是今天的澳大利亚。丹皮尔继续航行，又发现了一系列的群岛和海峡，通过不懈的努力终于给世人展现了一张完整的南太平洋海图。威廉·丹皮尔于1707年回到英国，并在1709年出版了《新荷兰航海续集》。

▲ [丹尼尔·笛福《鲁滨逊漂流记》]

说到丹皮尔人们最先想到的是"探险家"，而不是"海盗船长"。他是第一个到新荷兰（澳大利亚）和新几内亚探险并绘制局部地图的英国人，也是第一个环航世界两次并继续进行第三次环球航行的人。

《鲁滨逊漂流记》

1708—1711年，丹皮尔参加了伍德罗·罗吉斯船长的考察队，开始又一次环球航行，1709年1月当他们行至智利附近一个荒无人烟的岛屿——胡安·菲南德时，发现了一个身着羊皮的"野人"，起先这个"野人"只会打着手势，咿咿呀呀，约莫过了一周他才恢复了说话能力，他叫亚历山大·塞尔柯克，是一个

▲ ["罗巴克"号（雄獐）战舰]
此船规模庞大，十分气派，足见丹皮尔受女王的器重程度。

加勒比海盗

图说海洋

世界闻名的海盗

▲ [《新环球航海记》]
丹皮尔的《新环球航海记》中，对清朝的中国人有着详细的描述，同时也是乔·斯威特的小说《格列佛游记》中一个章节的素材来源。

◀ [紫青鸾花，采集于1803年]
丹皮尔第一个发现了澳大利亚一种标志性的深蓝色花朵紫青鸾花，不久之后这些花被放在了青鸾花属里。

苏格兰人，1704年他因和船长发生纠纷被遗弃在了岛上，凭借惊人的毅力和旺盛的求生本能已在此生活了四年零四个月，这件事在英国引起了轩然大波，也造就了一代名家丹尼尔·笛福，他那本根据塞尔柯克的事迹改编的《鲁滨逊漂流记》也获得了轰动，笛福为了纪念这位水手就把主人公起名叫克鲁索，意为"鲁滨之子"。从收益上看，丹皮尔的这次航行是最成功的一次，获得了近20万英镑的利润。

丹皮尔地

1715年3月，威廉·丹皮尔在伦敦去世，享年63岁。

在丹皮尔的一生中，不管处于何种环境下，他那颗热爱科学、勇于探求未知的心都从未改变过。世界地图上，至今还有"丹皮尔群岛"和"丹皮尔海峡"的名字，在澳大利亚，丹皮尔当年第一次登陆的地方被命名为丹皮尔地，以此纪念这位伟大的"海盗探险家"丹皮尔。

[布列塔尼-圣马洛的防御工事]
圣马洛古城是法国人眼中的财富之城，英国人眼里的海盗之城，在12世纪时这里逐渐成为海盗们的大本营。

加勒比海盗

英吉利海峡凶残的母狮
贝利维夫人

贝利维夫人是欧洲历史上第一个有名有姓的女海盗，她机智、勇敢，是英吉利海峡最为凶残的母狮，同时她又美丽、神秘，从女海盗到贵妇人，只在一念之间。

贝利维夫人，全名是让娜·德·贝利维，出身于加佩王朝时期法国布列塔尼的一个名门望族之家。她虽从小接受贵族的传统教育，但更爱刀枪，崇拜威风凛凛、风度翩翩的骑士。她时常同女伴们一起泛舟于英吉利海峡的广阔水面上。

贝利维夫人丈夫被法王处死

1328年，法国加佩王朝的最后一位国王驾崩。因为没有后嗣，法国王室支裔华洛瓦家族的腓力六世按照法律规定登上了法国国王的宝座，开始了华洛瓦王朝的统治。

而此时的英王爱德华三世是法王腓力四世的外孙，他认为自己是法国国王的当然继承人，就向法国王室提出由他继承法国王位的要求，导致两国关系日趋恶化。当时贝利维夫人的亲戚德·波恩契弗尔和德·莫恩佛尔姐弟俩都想承袭布列塔尼公爵的封号。两人剑拔弩张，各自在国际上寻找支持者。英王看到这场争夺对自己十分有利，就公开支持亲英的莫恩佛尔。

早在1335年，让娜嫁给了布列塔尼的贵族青年克里松·德·贝利维，丈夫克里松参与了这场政治赌博，把赌注下在了莫恩佛尔一边。法王为剪除莫恩佛尔的党羽，阻止他承袭封号，并进行大搜捕，克里松等人纷纷入狱，在极短的时间内被判处了死刑。英王闻讯后立即

加勒比海盗 | 81

◀ [《女海盗》剧照]

古代航海，除了客船之外，运兵运货的船只是不许女性上船的，说是"有女同行，航行不利"。其实说穿了，男女同船，男的在航行中无所事事，寂寞得很，就会发生男女间的关系，引起互相争夺，那么打打杀杀的事便跟着发生了，所以除客船之外，任何一类船上都不许女性上船。

派出密使前去慰问贝利维夫人，并邀请她到英国去居住。

就这样，贝利维夫人怀揣着向法王复仇的决心，带着两个年幼的孩子，横渡英吉利海峡，来到了英国。

"英吉利海峡凶残的母狮"

贝利维夫人到达英国后，英王爱德华三世对她遭遇的不幸表示同情，贝利维夫人在感谢英王之余，提出了自己的要求："陛下，我是布列塔尼人，英吉利海峡自小就是我娱乐的场所。我听惯了海涛的吼声，也过惯了海上的生活。在我丈夫不幸去世后，我现在唯一的希望就是在英吉利海峡扬帆疾驰，无情打击法国的商船和战舰，惩罚那些给我和我的儿子带来终身不幸的人。请给我一支舰队吧，我将使我的敌人鬼哭狼嚎。"爱德华三世答应了她的要求，同意她当海盗为丈夫复仇，并给予她三艘船。

从此以后，贝利维夫人便统帅着她的海盗舰队频频袭击法国的商船队，她把对法王的仇恨都发泄在那些无辜的商船身上。而且她还不满足于袭击商船，满怀豪情壮志的她还经常向法国的皇家战舰发动攻击。

法国商人只要谈起女海盗贝利维夫人，无不胆战心惊、冷汗直流。贝利维夫人几个字简直成了他们心目中死神的代名词，谁要是碰上了她，就意味着谁的生命将画上句号。在法国，她被人称为"英吉利海峡凶残的母狮"。

母狮又变成了贵妇人

在一次与法国皇家舰队的冲突中，法国皇家舰队的几十艘战舰排成战阵，在英吉利海峡的海面上包围了贝利维夫人的海盗舰队。一场激烈的战斗过后，贝利维夫人的舰队损失惨重，她的儿子也伤重死亡。贝利维夫人不得不带领几名水手，趁着夜色，划着一条小船突出了重围。可在航行6天后，复杂的海流没有把他们送回英国，反而带到了几年前贝利维夫人离开祖国的地方——布列塔尼海岸，回国后的贝利维夫人从此结束了她的海盗生涯，离奇的是在法国国王种种顾虑之下，她并没有受到任何惩罚！

后来，贝利维夫人嫁给了贵族高吉·德·别恩特里。从此，这位威震英吉利海峡的母狮又变成了贵妇人。

救命"酒坛"的漂流
埃尔·波图格斯

埃尔·波图格斯是加勒比海盗盛行时期的一位海盗首领,他有着非凡的智慧,曾依靠卓越才能截获大型商船,也凭借着过人的胆气在被俘后成功逃脱。

以少胜多

大西洋加勒比海伊丝帕尼奥拉岛的北端,有一个海盗盘踞的巢穴——龟岛。龟岛的形状的确很像一只乌龟,它是海盗们的天堂。海盗们在这里遵守不成文的"海上守则",结成兄弟般的友谊,经常劫掠西班牙的商船,令西班牙人闻风丧胆。龟岛因此名声大震,吸引各国的海盗纷纷前来加入,成为了名副其实的"世界岛"。

▲ [龟岛]

17世纪中期,英国、法国、荷兰等国对加勒比海域星罗棋布的岛屿都垂涎三尺,而由于归属不明,有些海岛就成了海盗的天下。

海盗首领埃尔·波图格斯就盘踞在这个岛上,每天和龟岛上的海盗们窥视着航行在加勒比海上的西班牙商船。为了能够确保成功地劫掠西班牙船只上的黄金,海盗们花费重金装备自己的战舰。在一次袭击中,埃尔·波图格斯指挥装有4门大炮的船只并带领着30名海盗,截获了一艘装有20门大炮和70名船员的大型西班牙舰船。这件事被海盗们传颂称奇。

酒坛漂流记

埃尔·波图格斯另外一件为人们津津乐道的事是他的酒坛漂流记。

有一次,他在袭击西班牙商船后被三艘恰巧经过的大型帆船俘虏了。埃尔·波图格斯这位可怜的海盗头目被押送到坎佩切湾的一艘船上并幽禁起来。更令人绝望的是,这位声名显赫的海盗竟然不会游泳。而海盗们一旦被抓,面对的大多数结局就是死亡。

就在受刑的前一天,埃尔·波图格斯显示出了高超的本领。他以迅猛之势将守卫放倒之后,夺过刺刀将其刺死,随后在船上找到两个陶制的葡萄酒坛子扔在大海里,当漂浮工具游上岸,然后钻进灌木中,步行140英里到达达戈尔夫特里斯特海角,在那里找到海盗船逃回了他的大本营龟岛,完成了他的"旅程"。

大约在1640年,龟岛上的海盗开始称自己是"海上兄弟会"。任何想加入这个团体的人必须签订一份被称为"海上守则"的文书。在海盗的生活中,这个"海上守则"是至高无上的。

据传说,18世纪的海盗,很大一部分都不会游泳,也就意味着只要落入大海,基本就判定为死亡了,不仅如此,当时甚至连正规的英国皇家海军士兵中也有很多人不会游泳,真是滑天下之大稽啊!

女王的宠臣
约翰·霍金斯

约翰·霍金斯是英国16世纪著名的航海家、海盗、奴隶贩子，也是伊丽莎白时代重要的海军将领，他对英国海军进行的改革是英国战胜西班牙无敌舰队的重要因素之一。

霍金斯于1532年出生在英国西南部德文郡普利茅斯的一个商人水手家庭。他的家族是当时英格兰西部沿海一支声名显赫的海上势力，家族的许多成员都从事海外商业冒险活动。1554年父亲死后，他继承父业，开始从事到西班牙和加那利群岛的贸易。通过这些活动，他不仅积累了财富，而且获悉西班牙在西印度的殖民者正急需大量奴隶劳动力。于是霍金斯决心排除西班牙政府的限制，在非洲和西印度之间从事奴隶贸易。

最早的"三角贸易"

1559年，霍金斯娶了海军财务官本杰明·冈森的女儿凯瑟琳·冈森为妻。在岳父和他的同僚以及伦敦商人的资助下，霍金斯于1562年10月率领一支船队出海，开始了他的第一次奴隶贸易航行。船队由三艘船组成，其中最大的"萨洛蒙"号为120吨。为了更方便地在新海域航行，霍金斯在加那利群岛的特内里费岛带了一名西班牙人担任领航员，在非洲的几内亚海岸，他们轻而易举地

▲ [约翰·霍金斯]

捕获了300多名黑人。他们带着这些"活货物"穿过大西洋，前往西印度群岛的小西班牙岛（即海地岛），把黑人卖给西班牙殖民者，换取了大量的兽皮、生姜、蔗糖和珠宝。第二年，他满载而归。这是英国最早的"三角贸易"。

作为英国奴隶贸易的创始人，霍金斯不仅赢得了名声和大量财产，也因此成为英国历史上最早进行贩卖奴隶勾当的海盗头子。

搭上英国女王

霍金斯的奴隶贸易引起了英国王室

> 为了同西班牙争夺海上霸权，伊丽莎白一世女王大胆地豢养和起用海盗，她在位期间，不仅打败了西班牙无敌舰队，而且为英国成为首屈一指的海上强国打下了坚实的基础。经过她近半个世纪的统治，英格兰成了欧洲最强大、富有的国家之一，英国文化也达到了一个顶峰。

加勒比海盗

浓厚的兴趣，伊丽莎白女王和枢密院官员对他的第二次航行进行了投资。1564年，霍金斯第二次出航。女王把自己的战船"耶稣"号折价投资于他的远航。他按照前一次的步骤满载一船白银而回，成为了英国最富裕的人。正是因为政府对奴隶贸易的默许，使得奴隶贸易越来越猖獗，欧洲殖民国家纷纷参与其中。1565年9月，他再次胜利归来时，女王授予他一枚盾形纹章以资褒奖，纹章的图饰是一个被捆绑的黑人。

英国是一个海洋国家，也是一个日益发达的商业国家。当时，西班牙垄断了海上贸易，赚取了巨额利润，拥有全世界四分之三的贵金属。英国公开支持海盗行为，使西班牙与英国两国关系出现紧张。

在能"让人的灵魂升入天堂"的黄金面前，年轻的英国女王伊丽莎白一世岂会袖手旁观。她信奉的原则是"英国

▲ [普利茅斯]
普利茅斯是一座拥有丰富航海史的城市，曾经是英国皇家海军的造船厂，也是16—19世纪英国人出海的港口。

的商业需要英国战船的保护"。

可是在1558年，当时英国海军实力还主要靠民船武装，王室海军只有大船22艘。所以有人说："英国的军人和海员都跃跃欲试，想向西班牙挑战，但是女王对于他们的呼声，却掩耳不听。"伊丽莎白不是不想挑战，而是她的力量远远不足以与强大的西班牙抗衡。在这种情况下，她便暗中鼓励和怂恿英国的海上冒险家们破坏西班牙的海上贸易，

◀ [无敌舰队舰船]
无敌舰队是西班牙16世纪后期著名的海上舰队，是拥有约150艘以上的大战舰，3000余门大炮、数以万计士兵的强大海上舰队，最盛时舰队有千余艘舰船。这支舰队横行于地中海和大西洋，骄傲地自称为"无敌舰队"。

▲ [伊丽莎白一世]

1558年起任英格兰和爱尔兰女王，她终身未嫁，因此也被称为"童贞女王"。她是英国历史上最杰出的统治者之一。

> 被伊丽莎白女王不无自豪地称为"我的海狗"的英国海盗们，在造就"伊丽莎白时代"中起了重要作用。海盗与王权结合，海盗的个人利益与国家的利益在这一时代达成了最广泛的一致。王权默许、支持海盗，海盗维护王权、国家独立；国家海盗化，海盗合法化，在世界大舞台上，二者上演了一出惊人的剧目。

掠夺西班牙的"金银船队"，从侧面打击西班牙的海上霸权。英国的海盗活动，使西班牙每年至少损失300万杜卡特。

辉煌一生

1567年10月2日，霍金斯第三次出海。女王借给他王室海军战船"耶稣"号和"米尼翁"号。他的表弟弗朗西斯·德雷克也参加了船队。不料，在返航途中，船队遭遇飓风。恰巧西班牙新上任的墨西哥总督恩里奎斯也率领舰队进港躲避风暴。恩里奎斯向霍金斯发起突然袭击，杀伤了300多名英国船员，击毁了"耶稣"号。霍金斯猝不及防，只好率残部仓促逃走。他历经艰辛，才于1569年1月回到普利茅斯。从此与西班牙结仇。

1572年，霍金斯进入国会。

1577年，他接替岳父担任海军财务官职务，后来又兼任海军给养官。在此期间，他整顿了海军财务，节省了大量开支。他直接领导了海军舰船改进工作，他建造了一批新的中等型号的战舰，这种船行驶速度快，行动灵活，在恶劣天气下也能在海上执行任务。在海战战术上，他推行以炮战为主的新打法，用一种更加轻便易带的大炮取代了旧式大炮，这种炮反冲小，发射快，射程也远。

1588年，英国与西班牙在英吉利海峡进行了著名的大海战。霍金斯改进的舰船无论是灵活性还是火力都优于西班牙船只，为英国海军胜利提供了有利条件，这一战重创了西班牙的无敌舰队。霍金斯本人以海军少将和分舰队长的身份参加了这次海战。由于作战有功，霍金斯被授予爵士称号。

1595年，霍金斯前往波多黎各，进行自己最后的海盗远征，于11月12日到达波多黎各岛附近，当天下午，年迈的霍金斯死在自己的船上。

加勒比海盗

图说海洋 世界闻名的海盗

黑胡子海盗
爱德华·蒂奇

爱德华·蒂奇,绰号黑胡子,他生于英国的布里斯托尔,在所有著名的海盗之中,黑胡子是真正的"海盗之王"。在海盗史上,有抢劫的财物比黑胡子多的,有控制的海域比黑胡子广的,也有杀人越货的手段比黑胡子更恶毒的……但是,没有哪一个海盗像黑胡子那样,符合公众心目中关于海盗形象的想象。

残忍、凶悍、血腥……用这些来形容爱德华·蒂奇一点都不为过。在英国安妮女王时代,蒂奇曾在一艘武装民船当水手。1716年,他开始跟随大海盗本杰明·霍尼戈尔德船长当海盗,后来脱离了霍尼戈尔德自立门户。

"黑胡子蒂奇"名震天下

1716年他指挥着有40门火炮的"安妮女王复仇"号出海,直奔东海岸的英国海防处,在军港港口明目张胆地抢劫了英国商船"爱伦"号,当时在港内停泊的英国海军战舰"卡斯巴勒"号迅速出港截击,两船在港外开始了一对一的"决斗",蒂奇镇定自若地驾着船避开了每一发致命攻击的炮火,"安妮女王复仇"号瞅准机会全速前进拦腰撞在英国战舰上,皇家海军们吓坏了,他们从没见过这种不要命的打法,正当他们乱成一锅粥的时候,蒂奇的水手们举起枪开始向甲板疯狂射击,英国海军官兵死伤惨重,残破的"卡斯巴勒"号在蒂奇

▲ [爱德华·蒂奇]

骇人般的大笑中,狼狈逃入港中,自此一战"黑胡子蒂奇"名震天下,整个大

88 | 加勒比海盗

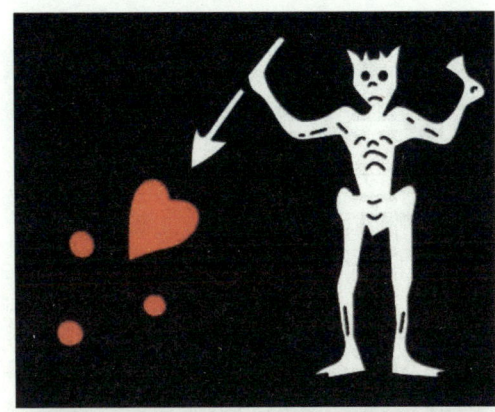

[黑胡子爱德华·蒂奇用过的旗帜]

上所有的人,但只有一个姑娘例外,她是船长的女儿。据说她当时一边擦拭着父亲脸上的鲜血,一边吻着死者额头,完全无视黑胡子和他的手下,"四下弥漫着一种神圣而不可侵犯的气氛"。海盗们完全被震慑住了,没有谁敢上去再给那姑娘一刀,而黑胡子的良知也被唤醒了,他答应姑娘不再做海盗,甚至还剃掉了胡子,他们一起定居在了北卡罗来纳过着稳定安闲的生活,邻居都认为他们是温顺善良的小两口,没有人能想到这个"温顺的蒂奇"就是黑胡子,但两年后一场瘟疫带走了蒂奇生命中的天使,悲伤到极点的蒂奇狂性大发,又一次变成了黑胡子。

西洋沿岸陷入恐慌之中。

"温顺的蒂奇"就是黑胡子

此后,蒂奇打劫了无数的商船,人们很快发现金钱并非这个家伙唯一的爱好,他最大的爱好是杀人,每劫到一艘船他就要杀死整船的旅客。他是个不折不扣的恶魔,但就在这时,他突然神秘地消失了,因为他爱上了一个姑娘。

黑胡子在袭击一艘商船时杀死了船

1997年,据美国官方称,在北卡罗来纳州海岸发现的一艘船只残骸,已经被证实是18世纪臭名昭著的海盗黑胡子的海盗船"安妮女王复仇"号。

黑胡子的死标志着美洲海盗的衰亡

复出后的蒂奇变得更加疯狂,北至弗吉尼亚南至洪都拉斯,全都在他的抢劫范围之内。1718年5月,黑胡子成功实现了堪称他整个海盗生涯中最大胆的一次突袭。他竟然率领四艘海盗船封锁了南卡罗莱纳州首府查尔斯顿,将港内的船只洗劫一空后,放了一把大火烧了,他还绑架了不少市政议会的议员,以砍下这些人质的头要挟,要求市政府以巨额赎金换取人质的自由,否则要"踏平查尔斯顿",在黑胡子的淫威面前市政府不得不屈服。尽管许多人被黑胡子吓到,但弗吉尼亚总督亚历山大·施普茨伍德却是个例外,他决心不惜一切代价杀掉"黑胡子"。

加勒比海盗 | 89

图说海洋 世界闻名的海盗

1718年秋，施普茨伍德接到密报说黑胡子的旗舰"冒险者"号正停泊在奥克拉库克湾，总督立刻派遣两艘军舰"珍珠"号和"里姆"号前去抓捕，行动的指挥官是一个叫罗伯特·梅纳德的海军中尉，11月17日下午3点战斗打响了，由于奥克拉库克湾地形复杂，到处都是浅滩和暗礁，战斗刚一开始，双方的船就都搁浅了，海战变成了陆战，但黑胡子的炮手还是准确地击中了"里姆"号，船长贝克当场死亡，当黑胡子带着手下爬上"珍珠"号时，孤军奋战的梅纳德身边只有几名士兵还能战斗。

以为稳操胜券的黑胡子还不知道命运女神的天平已经歪向了梅纳德一边，蒂奇和梅纳德几乎是同时拔出了手枪射击对方，但黑胡子蒂奇没能打中，倒是梅纳德一枪打中了蒂奇的肚子，但身材魁梧的黑胡子却狂吼着挥舞佩剑，这时候梅纳德身边的一个士兵刺中了他的脖

> 开曼群岛是"黑胡子"长期盘踞的地方。如今每年的9月，这里都要举行为期一周的海盗节，吸引着世界各国的游客。

子，黑胡子一边喷着血一边死死掐住梅纳德的喉咙，梅纳德身边的其他士兵则一窝蜂地冲上来连击带打，直到黑胡子断气为止，其他的海盗见蒂奇战死后便马上放下了武器投降了，梅纳德获得了连他自己都不敢相信的胜利，在黑胡子身上总共有25处刀伤和5处枪伤，梅纳德把蒂奇的头割下来挂在军舰的牙樯上带回了弗吉尼亚，一个星期后，黑胡子的头被熬煮了，用银箔裹着，做成了骷髅杯，后来人们在很多小酒馆里使用它，直到这个镀了银的骷髅杯在美国东海岸神秘消失。黑胡子的死标志着美洲海盗的衰亡，除了罗伯茨之外再也没有什么"海盗王"存在了。

> 据说，蒂奇每次出战之前，都要在帽檐下挂上一串串点燃的火绳，装神弄鬼，借以吓人。

▲ [黑胡子在影视剧中的形象]
左为《加勒比海盗》中黑胡子的形象；右为《海贼王》中黑胡子的形象。

90 | 加勒比海盗

基德船长
威廉·基德

威廉·基德（1645—1701年），出生于苏格兰的格林诺克。他是苏格兰著名的航海家、海盗、私掠者，被人们称为"基德"船长。

1645年1月22日，基德出生于苏格兰港口城市格林诺克一个虔诚的基督徒家庭，其父是当地基督教长老会的神职人员。在他5岁时，父亲去世。在他20岁时全家移民到了纽约，那时的基德已经是一个常年在海上漂泊，有着丰富经验和高超航海本领的优秀水手了。

成功的商人

1690年前后的英法战争期间，基德应征入伍，当上了英格兰武装民运船"布莱斯特·威廉"号的船长，在西印度群岛和加勒比海一带同法国人作战，屡建战功，成为战斗英雄，甚至还得到了英国女王的亲自嘉奖。此时的基德壮志得酬、荣誉有加，更兼英俊潇洒、意气风发，无数美女贵妇围绕在他身边。常年漂泊海上，在炮火和海浪声中打拼的基德，在这些风骚的女人面前，很快就缴械投降。他于1691年5月在纽约和一个富有的寡妇结了婚，并在曼哈顿岛南部买了一幢豪华的房子，然后生儿育女，过着平静的生活。由于有老婆的资金做后盾，

▲ [威廉·基德]

这幅画像是1701年的一位不知名画家根据英国宫廷画师桑希尔在审判基德的法庭上的一张素描图画成的。这时候的基德头戴假发，身着饰有皱边的上衣，俨然是一位出席晚宴的贵族，而不像是出庭受审的海盗。

头脑灵活的基德很快在商海中赚了个盆满钵满，成了一个成功的商人，并在当地的商界小有名气。

被许可的武装私掠活动

1695年12月，基德经商途中路过伦敦，偶然认识了贝洛蒙特伯爵。贝洛蒙特伯爵是纽约、马萨诸塞和新罕布什尔的总督，他告诉基德：英国政府正在为印度洋上的海盗发愁，急需有航海能力和战斗经验的人为国效力。并请求基德接受他的建议打击海盗和法国船只。对基德这样的海军英雄来说，没有比这更好的发财机会了。正当壮年的基德早已厌倦了乡下那种舒适、平静但又平庸的生活。他当即毫不犹豫地答应下来，并表示自愿为英国政府效劳。

贝洛蒙特伯爵和基德签署了协议，规定基德每一笔"收入"的65%归投资者，

加勒比海盗

图说海洋

世界闻名的海盗

▲ [伦敦塔]
伦敦塔坐落在伦敦泰晤士河北岸,最先是一座坚固的城堡和皇家行宫,后来用作关押重要犯人的监狱,现在是一座对外开放的博物馆。

基德自己分 15%,剩下的 20% 归水手。

贝洛蒙特伯爵和包括海军大臣在内的四名权贵联合赞助了这次行动。贝洛蒙特伯爵还在纽约为他招募了 150 名水手。

1696 年 4 月,基德用他们提供的资金建造了一艘 38 米长、配备了 36 门火炮的三桅帆船。这艘船的航行速度和作战能力比得上皇家海军的任何一艘小型军舰。为了表达重返海洋、再战江湖的豪情壮志,基德特意将这艘三桅帆船取名为"冒险"号。

在贝洛蒙特伯爵的安排下,基德还拿到了由英国国王威廉三世发放的私掠许可证,授权他在不侵犯英国利益的前提下,可以放心大胆地攻击海盗船和法国的商船,并约定其虏获的 10% 归英国王室所有。

1696 年 12 月,踌躇满志的基德怀揣赏金猎人的梦想,驾驶着"冒险"号出发了。面对浩瀚的大西洋,有着多年航海和战斗经验的基德船长完全有理由相信,自己必定能够马到成功,既能报效国家,又能赚取巨额财富。

1696 年 12 月 11 日,"冒险"号对印度洋中的海盗

▲ [英国国旗]
现在的英国国旗(下)是由英格兰圣乔治旗(上左)、苏格兰圣安德鲁旗(上中)和爱尔兰帕特伯旗(上右)重叠组合而成。当年的商船和海盗船都备有多国国旗,尔虞我诈,以便欺瞒对手。

92 | 加勒比海盗

▲ [新门监狱]

1700年2月6日基德被捕，随后被送进有500年历史的新门监狱，这次入狱就没有再出来。

和法国船只开展攻击，次年9月，基德绕过好望角，进入印度洋活动。

悲惨的结局

1698年，基德打着法国旗号拦截了一艘名为"奎达商人"号的亚美尼亚商船，这艘船持有法国东印度公司的通行证，载有大量丝绸、黄金等贵重商品，但这艘商船的船长是一位英国人。基德劝说其船员将该船放行，但是船员们拒绝了，

> 基德被捕后，他的财宝遭到疯狂的追索。家被抄，赠送给朋友的礼品被收回，埋藏在长岛上的财宝也被挖出。三个星期后，他窝藏的财物清单列出，计有：1111盎司黄金，2353盎司白银，1磅多宝石，57口袋糖，41捆杂货。
>
> 全部财物在严密的监护下用船运回英国，收入国库。

他们认为根据私掠许可证，他们完全可以合法劫掠任何在法国保护下的商船。基德最终向船员让步，这成为了他噩梦般结局的开始。

当"奎达商人"号被劫的消息传到伦敦后，基德的海盗罪名被坐实，英国政府开出高额悬赏追捕基德。1698年4月1日，基德在马达加斯加遇到了海盗罗伯特·库利福德，其大部分船员都叛离他投靠了库利福德，仅有13人留了下来，与其踏上回乡之路。

基德回到伊斯帕尼奥拉岛（今海地岛）后，得知自己已经被列入海盗名单，于是他弃船前往纽约，希望能为自己辩解，据传在到达纽约之前，基德将其财宝埋藏在长岛西端的加迪纳斯岛上。贝洛蒙特伯爵得知基德返回的消息时正在波士顿，他担心自己受到基德的牵连，于是在1699年7月6日将其诱骗到波士顿逮捕，并立即下狱。在狱中基德受到了残酷的折磨，有说他因此精神失常。

1701年5月23日，基德在伦敦码头被执行绞刑。第一次上绞架时，绳子断了。但执行者们毫不在乎，在第二次终于绞死了他。他的尸身被涂上柏油，绕上铁链，装在一只笼子里，悬挂在泰晤士河河畔有两年之久，以震慑其他的海盗，但基德至死都不承认自己是海盗。

据说基德在临死前，曾交给妻子一张纸条，上面写着4组数字：44、10、66、18，这组数字一直给后人许多猜想。

加勒比海盗

海盗王子黑萨姆

萨姆·贝拉米

萨姆·贝拉米（1689年2月23日—1717年4月26日），仅仅活了28岁，在有限的生命中，他通过数次大胆的海盗行为将自己"黑萨姆"的外号传遍新大陆的海盗界，因对俘虏的宽大与慷慨，他也被人称为"海盗王子"。

因不能和心爱之人在一起而走上了海盗生涯

在萨姆·贝拉米9岁那年，全家移居美国的普利茅斯，他在那里学习了水手技能，成为水手的贝拉米抵达鳕角后爱上了一个名叫玛利亚·哈利特的姑娘，但是女孩的父母嫌弃他是个水手，并不同意他们在一起。1715年7月一艘西班牙宝船在佛罗里达州外海遭受飓风沉没，贝拉米想去捞起这些宝藏，来讨好女孩的父母，但是他什么都没有找到，为了不空手回到女孩的身边，他决定去当海盗。

1716年1月他离开佛罗里达州，前往加勒比海地区的海港，开始他的海盗生涯，贝拉米加入了本杰明·霍尼戈尔德的海盗团，后来因为出色的表现被大家推选取代了霍尼戈尔德而成为新的海盗头目，随后他便率领海盗们四处劫掠，取得了丰硕的战果。

"海盗王子"

1717年2月，贝拉米成功掠夺了一艘由牙买加返回英国的英籍大型贩奴船

▲ [萨姆·贝拉米]

"黑萨姆"一名的由来是因为贝拉米有着一头黑色的长发，他通常以带子扎束成马尾。

加勒比海盗

▲ [贩奴船——"维达"号模型]

尽管贝拉米掌权的海盗生涯只有一年光景，但他所率领的海盗团却劫掠了超过50艘以上的船舰，包括当时堪称海盗界的顶级战利品——"维达"号及其满载的贩奴所得，估计该海盗团犯罪所得的金银珠宝约有4.5吨之多。"维达"号的沉没地点于1984年被确认，到2008年时仍在打捞，已找到10万件左右的物品，是史上第一艘有实物证实的海盗船。

萨姆·贝拉米18世纪在委内瑞拉的布兰基亚岛上创建了他的海盗基地，并藏匿了很多珍宝。这些宝藏于1984年被发现，委内瑞拉政府于2007年6月份开始用这些宝藏建设国家旅游设施。

"维达"号，船上贩卖奴隶得来的大批象牙、西班牙钱币、武器、金砖、糖等尽入其囊中。贝拉米以它为旗舰，凭借"维达"号的重装武力，成为当时北美洲东岸海域最令人闻风丧胆的海盗之一。

因为贝拉米的行事作风有别于当时其他的海盗，他对俘虏十分宽大与慷慨，甚至在占领船舰后便将自己的旧船给予俘虏，让俘虏得以逃生，因而得到"海盗王子""公海罗宾汉"等称号，他还有"黑萨姆"的绰号。他的海盗团员们也自称"义贼团"。

贝拉米则不知所踪

不过"维达"号于1717年4月26日在鳕角近海（马萨诸塞科德角湾）遭遇暴风雨而触礁沉没，翌日人们在海滩上只发现9名生还者及一些被冲上岸的尸体、船体残骸、钱币与杂物，贝拉米则不知所踪，据传已葬身海底。

加勒比海盗 | 95

拿着书本的海盗船长
沃尔特·雷利

图说海洋 · 世界闻名的海盗

> 沃尔特·雷利是英国文艺复兴时期一位多产的学者，同时也是一位政客、军人和探险家，他作为私掠船的船长度过了早期的职业生涯。

南美传说的黄金王国最早是始于一个南美仪式：部落族长会在自己的全身涂满金粉，并到山中的圣湖中洗净，而祭司和贵族会将珍贵的黄金和绿宝石投入湖中献给神。

航海开始

沃尔特·雷利（约 1552—1618 年）是一个天才的军人，又是一个富有才华的诗人，他早年在牛津大学法学院读书，在弗朗西斯·德雷克环球航行之举的感召下，雷利和他的一群同学们秘密谋划着去美洲捞一笔。

1580 年雷利参加了镇压爱尔兰的起义，他对英国在爱尔兰的政策进行了批评并引起了伊丽莎白女王的重视，他获得了女王的召见并提出了自己对外和海洋贸易政策的观点，得到了女王的大力支持，由此筹集了一笔资金，进行舰队的建立和探险活动，雷利以女王的名义来调动船只，因此他的船队又被称为"女王的船只"。

"失落的弗吉尼亚"

1582 年，雷利踏上了向美洲大陆更深处探险的征途以建立新的殖民地。在经历了艰苦的航行后，来到了现今美国弗吉尼亚州的罗阿诺克岛，这便是通常所谈到的"失落的弗吉尼亚"。雷利的

▲ [沃尔特·雷利雕像]

沃尔特·雷利是一位英国船长。作为私掠船的船长，他度过了早期的职业生涯。但在听到有关埃尔多拉多的传说后，他便于 1595 年率领一支探险队前往南美洲寻找黄金，后来发现了今南美圭亚那地区。

▲ [特立尼达岛沥青湖]

1595年，当英国探险家沃尔特·雷利爵士登上西印度群岛的特立尼达岛屿时，成了第一个获悉"沥青之地"的欧洲人，那里有着大量的沥青。如今我们知道这是特立尼达的沥青湖，一个神秘而有着极大吸引力的地方，可能是世界上最大的沥青储藏地。

一位亲戚阿瑟·巴洛之前曾来此地考察，他极力向雷利推荐这个地方。他写道："那里处处是高高的雪松、成串的葡萄、悠闲自在的鹿、欢蹦乱跳的兔子和各种各样的家禽。"雷利在这里建立了一个很小的"殖民地"，留下了117名愿意从英国来这儿定居的人。雷利有不少科学随从，其中约翰·怀特擅长画图，他把沃尔特·雷利的盾形纹徽画在了一个显著的位置上，这标志着雷利对这片土地的占有。

不过这个岛屿好像不太欢迎第一批英国移民。岛屿环境污浊不堪，到处是沼泽，疾病也开始在他们中间流行。这些移民渴望有船只来带他们回家，但是船再也没有来过，这块殖民地就这样消失了，没有人知道这百名男女老幼的下落。

谁控制了海洋，谁就控制了贸易；谁控制了世界贸易，谁就控制了世界的财富，最终也就控制了世界本身。

——沃尔特·雷利

▲ [雷利吸烟]

沃尔特·雷利在南美时学会了吸烟。由于怕上层社会接受不了新鲜事物，他只好暗地在家抽烟。常常弄得满屋子都是烟雾，他的仆人以为是屋里着了火，急忙向他泼水救火。此事传扬开后惊动了女王伊丽莎白一世。于是女王召见雷利，并饶有兴味地观看他的吸烟表演。从此吸烟之习渐兴，发展成为英国上层社会的时髦习俗。起先人们为驱蚊而吸烟，后来发展到认为吸烟很潇洒、时髦和高人一等，到现在为交际而吸烟，为解闷而吸烟！然而，今天的青少年都知道，吸烟有害健康。

在听到有关黄金国的传说后，雷利于 1595 年率领一支探险队前往新大陆寻找黄金，后来发现了今南美洲圭亚那地区。雷利首先在特立尼达岛登陆，并声称该地为英国所有。然后，他航行到委内瑞拉的奥利诺科河河口，并溯河而上，历时 15 天，然后转回并考察了圭亚那和苏里南的海岸地带。

发现了沥青，带回了烟草

雷利继续向南航行，来到了特立尼达和多巴哥岛，在那里他发现了沥青，不过他的航行未能继续下去，船队的补给遇上了困难，因此只好回到英国，此后雷利试图去看看那百名男女老幼的生活状态，然而他们却销声匿迹了，这成为历史上的疑案之一。

雷利还从美洲带回了吞云吐雾的物品——烟草，正是这种东西，成为了几世纪以后人类最奢侈与最不健康的日常消费，不知道雷利泉下有知，会是什么感觉呢？

雷利的冒险成功了，拥有了很高的声誉。

风流倜傥，智慧过人

因为冒险的功绩，雷利在 1585 年受封为爵士，两年后任伊丽莎白一世女王的警卫队长。他风流倜傥，智慧过人，语言幽默。雷利曾写诗赞颂女王，深得女王的欢心，一度曾比任何人都更得女王的宠幸，女王简直完全被他迷住了。当时雷利和女王的确是真心相爱的，雷利所得到的赏赐也是其他人所不能比拟的。不过女王由于政治的原因不能结婚，所以让雷利受了不少冷落以至于移情别恋。

他瞒着女王，与原来就有来往的一位名叫思罗克莫顿的宫女结了婚。这件事让女王十分恼怒，便以玷污宫女的贞操和荣誉之名，将雷利投进了伦敦塔。1603 年，詹姆士一世继位，雷利被以意图颠覆王位的罪名下狱,他知道这是因为他曾经支持伊丽莎白一世处死苏格兰女王的意见而遭到詹姆士一世的忌恨,他很坦然。而后因为他的名声太大不能处死的原因被判处缓刑,被监禁在伦敦塔,他也是在伦敦塔里待得最长的一个囚徒。雷利在塔里的日子过得相当舒坦。他甚至把妻子、儿子都接了进来。他在自己的花园里种植烟草,还把一个鸡舍改成化学实验室。闲暇之余,他甚至写出了一部名著《世界史》。

要是一直保持这样,雷利就不会被送上断头台,可惜冒险家的天性葬送了他。

冒险家的天性葬送了他

1616年,雷利给国王詹姆士一世写信,说服他忘掉过去,派他去二十年前去过的圭亚那远征。

雷利获得假释,并保证在不侵犯西班牙利益的前提下在那里开发金矿。1617年,雷利率领一支探险队前往西班牙的奥里诺科地区,在途中他病倒了,只得留下。探险队的其他成员继续前进到达了奥里诺科河,但在那里与西班牙定居者发生了战斗,许多人被杀死且烧毁了一处西班牙居民点,探险队灰溜溜地逃回英国,并把所有责任都推卸到了雷利身上。

因为和西班牙人发生了战斗,这违背了当初的约定,詹姆士一世根据1603

我们都知道沥青是石油提炼后的产物,可以用来铺马路、做房屋的防水。但是在特立尼达岛有一个湖,里面没有水却有大量的沥青,那些沥青都是天然形成的,而且取出来就能用。这就是闻名世界的沥青湖,据说北京长安街的部分路段就是用这里的沥青铺的,可见这里产的沥青质量有多好。

▲[圭亚那雕像]

圭亚那有黄金、铝矾土、钻石、锰、钼、铜、钽、钨、镍、铀等矿产,其中黄金储量较为丰富,为世界主要黄金生产国之一,主要矿区有奥迈和马鲁迪山区。

年原判,于1618年将雷利处死。此时的雷利已经年老,又身染重病,显得弱不禁风。但他仍表现出他那诙谐的个性。面对刽子手握着的利刃,他风趣地说:"这种药的药力太猛,不过倒是包治百病。"

图说海洋 世界闻名的海盗

▲ [加拉帕戈斯群岛]

科科斯岛的黄金宝藏
爱德华·戴维斯

爱德华·戴维斯是佛兰德人的后裔,是17世纪80年代活跃在加勒比地区的英国海盗,1685年,他率领海盗成功突袭了莱昂和巴拿马,后者被认为是最后一个被海盗袭击的西班牙据点。后来他的大部分海盗事迹被作家威廉·丹皮尔记录在《一场环球之旅》中,他是第一个被记录为太平洋探险的成员之一。

1683年8月23日,戴维斯在弗吉尼亚州跟随库克船长开始了自己的海盗生涯,随后向东航行。1683年11月他们航行到了太平洋,戴维斯和其他人加入了约翰·伊顿的海盗船,他们沿着南美海岸袭击了西班牙城市。1684年7月19日库克船长去世后,戴维斯当选为船长接替了库克的工作。

据点加拉帕戈斯群岛

戴维斯的海盗舰队平时就驻扎在加拉帕戈斯群岛上,其原因:一是这个群岛孤悬海外,远离对海盗有威胁的国家,具有得天独厚的地理位置;二是因为加拉帕戈斯群岛是火山喷发后,从海底裂缝中喷涌出来的岩浆涌出地表又经过冷凝、凝固而堆积成的小岛,岛上地势崎岖,满目都是火山锥、岩和悬崖峭壁,海盗船在那里隐蔽起来,外人很难发现。而在"猎物"快要来到时,可以快速出击,到手之后又可以快速隐蔽;三是岛上有着成群结队的巨龟,为海盗们提供了最

▲ [加拉帕戈斯群岛巨龟]

从17世纪起，加拉帕戈斯群岛上的巨龟引来一批批的海盗船、捕鲸船，它们接踵来到这个岛上，为的就是捕捉巨龟当做活的食物储存在舱里。有人估计，累计被捕杀的巨龟有数百万只之多。

好的食物，一年四季中，海盗们只要登岛，不费吹灰之力，就可以捉到成群结队的巨龟。因此，加拉帕戈斯群岛就成了戴维斯船长和他手下的海盗们最喜欢的隐蔽处。

戴维斯响应弗吉尼亚议会的号召

从1684年起，戴维斯船长常常驾着他的"快乐的单身汉"号帆船，率领着他的海盗舰队，多次在加勒比海和太平洋屡屡打劫来往的商船。凡是被他看中的猎物都几乎无法逃脱他的魔掌，尤其是从美洲开来的西班牙商船。1690年戴维斯响应弗吉尼亚议会的号召，最终回到英格兰开始打理自己的财产，其中一部分钱用来建设弗吉尼亚州威廉斯堡的威廉和玛丽学院。

科科斯岛的巨大宝藏

戴维斯曾声称他将自己的海盗宝藏藏在科科斯岛，科科斯岛也被认为是世界上海盗埋藏珍宝最多的地方。科科斯岛位于哥斯达黎加西南近500千米的东太平洋，坐落在古老火山之上，以自然景观和宝藏传说而闻名于世。它那迷人的传奇色彩从来都是世人瞩目的焦点，有人把它誉为世上最美的岛，有人把它比喻为"侏罗纪公园"，苏格兰小说家史蒂文森由此写出了经典名著《宝岛》。

数百年来，很多寻宝者成批去往科科斯岛，寻找海盗留下的宝藏。但遗憾的是，迄今为止谁也没能发现这些宝藏。

▲ [科科斯岛]

黑牧师
尤斯塔斯

图说海洋 世界闻名的海盗

尤斯塔斯是13世纪英国著名的牧师海盗,"黑牧师"是他的外号,他原为英国人效力,后来与法国勾结屡次攻击英国船只,最后也因法国出卖而被处死。

尤斯塔斯出生于一个英国小贵族家庭里,从小跟其他孩子不一样,他着迷于黑魔法,并且坚信依靠黑魔法可以创造奇迹,抱着这样的信念,他去了西班牙的托莱多并在那里着手研究黑魔法,如果这样过下去,或许他真的能有所成就,但这一切都因为他父亲的被杀而发生了改变。

带着仇恨回到布洛涅的尤斯塔斯,设计了一个周密的计划为他父亲报了仇,当然他也犯了法沦为了海盗。

尤斯塔斯驾驶船只在海上以抢劫为辅,大多数时候是运货。当然,如果有机会他也会下手干一把,他最擅长设法用武力控制那些小的商船,然后冲上去杀人劫货。在1205年,他和他的海盗船队迅速控制了多佛海峡,打劫来往船上的货物并拍卖船上的奴隶。

在1205年至1212年间,尤斯塔斯为英国国王约翰效力,以帮助英国对抗法国。在与法国菲利普二世的战争中,尤斯塔斯顺手袭击了英国人自己的海岸线并掌控一个军事基地,与英国的结怨便因此而起。

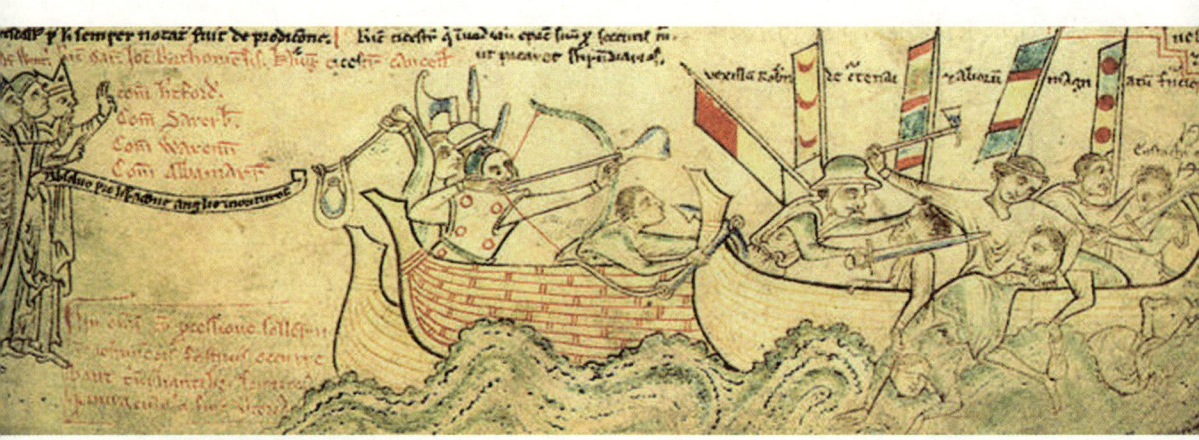

▲ [尤斯塔斯之死]

102 | 加勒比海盗

尤斯塔斯与英国政府的积怨逐渐累积，终于在 1212 年，尤斯塔斯选择与法国海盗勾结，与英国为敌。为了报复英国对查民尔岛的占领，尤斯塔斯攻打了英国岛屿。

1216 年，英国国王约翰去世，年仅 9 岁的亨利三世并不能很好地掌控政权，并且与摄政的威廉姆发生矛盾，威廉姆等贵族在法国的支持下发动了叛乱，叛乱军迅速占领了一些沿海城镇，意图在那里接受从法国运来的物资。

这时的尤斯塔斯率领一支法国舰队开往英国，目的当然是支援叛军。他的舰队在海上遭到一支英国舰队的堵截，双方展开了一场血战。

这场战争非常艰难，尤斯塔斯的人在用光武器的情况下丢出角叉或射箭，但依然有很多人死于英国人之手。作为主帅的尤斯塔斯也只能用桨来打仗，他的胳膊和腿多处都受伤了，但他依然英勇地杀了一个又一个英国人。最后，尤斯塔斯下令登船，他们用石灰往船上撒，摔向船的边缘，粉末升起巨大的烟雾，尤斯塔斯和他的船员，终于将英国舰队打败，并扣押了所有英国人。

后来由于法国贵族的出卖，他们为了防止英勇善战的尤斯塔斯尾大不掉，将尤斯塔斯出卖给了英国政府，导致他被杀害。

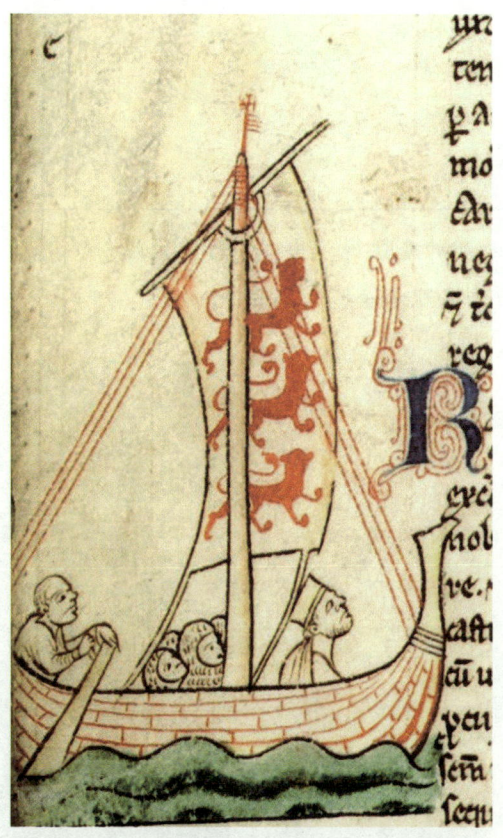

▲ [亨利三世的旅行]

亨利三世于 1216—1272 年在位，其统治期间政局动荡，内乱时有发生，在亨利支持罗马教皇之后，国内民怨沸腾，暗流涌动。可亨利三世并未察觉，依旧发动远征，而且加上连续三年的粮食歉收，从而激起了一场剧变。

加勒比海盗

劫掠维京人的海盗
乌尼波尔

斯拉夫海盗以位于吕根岛和波罗的海北部的居住地为中心，向四方辐射，进行抢劫活动，并逐渐形成规模，他们最远时曾到达北海海域西部地区。

以乌尼波尔为领导的斯拉夫海盗，不仅曾大闹波罗的海，还袭击了维京人的老家。1136年8月8日，当时斯拉夫海盗乌尼波尔对挪威东海岸的康奴卡哈城发动了突然袭击。

据记载，前来抢劫的海盗们共有几百艘船只，每一艘船都可乘载44名海盗和两匹战马，总兵力达数万人之多。康奴卡哈城顿时一片慌乱，有9艘船只停泊在港口却无人敢去救援，落入海盗之手。斯拉夫人很快就占领了康奴卡哈以外的沿海地区。

乌尼波尔向城内的居民发出通告，要他们立即投降，并允许居民自由离开，但遭到了全城军民的拒绝。由于城内军民的拼死抵抗，经过长时间的包围和战斗，海盗们士气低沉，有人想放弃攻打康奴卡哈城，但乌尼波尔说明了自己的手下，使他们鼓起了斗志。而这时城内挪威人的力气也已经消耗殆尽，粮食、武器都即将用尽。城内军民信心大减，最后放弃了抵抗。冲进城的海盗们疯狂地抢劫财物，并放火把房屋全部焚毁，把不需要的居民全部杀死，又把一些人

▲ [斯拉夫人的生活-版画]

斯拉夫人的名字来自斯拉夫语的词语"slova"，古斯拉夫人以语言来划分民族，把跟自己讲同样语言的人称为"slova"，就是"会说话的人"；而把跟自己不同语言的人称为"nemoi"，就是"哑巴"的意思。

带走贩卖为奴隶。

另一边瑞典也被斯拉夫海盗乌尼波尔接连不断的侵扰弄得手足无措，不仅无法进行海上贸易，沿海居民也不断受到骚扰。面对如此强大的斯拉夫海盗，他们束手无策，后来周围的邻国计划结盟抵抗，这就是著名的汉萨同盟。

可怕的海盗
公牛迪克西

加勒比海盗

公牛迪克西真名不详,原是一名英国海军上尉,后来成为海盗,是第一批在新英格兰海岸航运中被捕的海盗之一。

这是一个被许多民谣广泛传唱的故事,主人公迪克西是一位海盗,他有着疯狂的行为,据说这是他的复仇计划。

为报仇成为海盗

迪克西出生于伦敦,在1631年辗转来到波士顿,开始,迪克西用自己的一艘小船,在新英格兰海岸和缅因海岸之间来回与印度人进行交易。

有一次,法国海盗正在此海域劫掠一处贸易站,而迪克西的小船正通过此海域,无辜受连累,也被法国的海盗劫掠,迪克西丢失了所有的货物。

这让曾有过海军军人经历的迪克西大为恼火,他回到波士顿,招募了20多名水手,开始从事海盗活动。

身为英国人的迪克西受到法国人的攻击,本应该在成为海盗之后,报复法国人才对,但非常讽刺的是他不仅对付法国人,连英国货船也一样不放过,这其中的原因或许是英国货船比较值钱,所以也成为他的目标。

▲ [发现新英格兰的约翰·史密斯船长]
约翰·史密斯(1580—1631年),早期英国殖民者、探险家,在弗吉尼亚建立了第一个永久英国殖民地,于1614年探索了新英格兰地区的海岸,并且将这里命名为"新英格兰"。

加勒比海盗 | 105

恐怖的海盗

在历史上，海盗很少攻打城镇，他们一般漂泊海上，即便是有着强大的政府后台，他们也是慎之又慎不去攻打城镇，而迪克西却非常狂妄。

1632年，迪克西率领他的海盗舰队攻击了位于缅因州的沛马奎，他们的船只横冲直撞地驶入港口，手下的海盗们洗劫了这个城镇，获得的赃物只有55英镑，也有传说是2500美元，但不管具体数字如何，可以知道迪克西绝对不是为了赚钱。

洗劫了沛马奎之后，公牛迪克西名声大噪，沿岸居民都知道了有这么一位海盗魔王，也令英法政府海军开始关注到这只海盗队伍，并下达了捕杀公牛迪克西的命令。

至于最后公牛迪克西是怎么死的，众说纷纭，民谣中说他被捕并死于枪决；而另有资料记录，他被法国海军收编，成为攻击英国人的利器。

> 新英格兰是位于美国大陆东北角、濒临大西洋、毗邻加拿大的区域。新英格兰地区包括美国的六个州，由北至南分别为：缅因州、佛蒙特州、新罕布什尔州、马萨诸塞州（麻省）、罗得岛州、康涅狄格州。

▶ [波士顿华盛顿雕像]
1630年，"五月花"号帆船载着102名英国清教徒在波士顿以南的普利茅斯靠岸之后，这里便有人开始居住，随着越来越多人的到来，北美大陆上的第一座城市波士顿开始发展。

阿拉伯海盗

Pirates of Arabia

声名赫赫的海盗首领
蒂皮·蒂普

蒂皮·蒂普是阿拉伯和东非航道上著名的大海盗，他也是当时东非和中非最富有、最有权势的人，通过抢劫他积累了巨额财富，甚至在桑给巴尔岛建造了金碧辉煌的城堡。

桑给巴尔岛是印度洋中的一个珊瑚岛，距东非海岸35千米，此地早在公元1世纪末就与阿拉伯和东非沿岸等地建立了贸易往来。15世纪末葡萄牙人的探险船队绕过好望角驶入印度洋时，曾到达桑给巴尔岛沿岸。15—16世纪，那些活跃在印度洋上的阿拉伯海盗们就把这个天堂般的棕榈海岸当作活动基地。从此，桑给巴尔岛便以从事奴隶贸易而闻名遐迩。17世纪末，桑给巴尔岛成为阿拉伯国家马斯喀特和阿曼的领地。

1824年，在东非沿岸建立了贸易帝国的阿拉伯人赛伊德·伊本苏丹，将该岛作为首都，大规模从事丁香贸易，开创了岛上最为辉煌的繁荣昌盛时期。

> 早在10世纪左右，阿拉伯海域就海盗盛行，对往来船只构成威胁，"海盗＝宝藏"成了阿拉伯世界的不朽传说，《一千零一夜》里许多故事，如辛巴达航海都提到了东非海盗。

▶ [桑给巴尔岛的奴隶–19世纪]

"桑给巴尔"在阿拉伯语中的意思是"黑人海岸"，位于桑给巴尔岛西岸中部的香加尼半岛，曾经是桑给巴尔帝国的经济、贸易中心。中国宋代典籍中称桑给巴尔为"层拔国"，如今在桑给巴尔博物馆中还陈列有中国清朝瓷器。

当时，在阿拉伯哈里发管区、东非海岸和桑给巴尔岛以及马达加斯加岛之间有一条传统商路，通过它运送的除了象牙、香料和丝绸以外，还有成千上万的来自黑非洲的奴隶。这样，阿拉伯和东非之间的航道便以"血泪的海上之路"而日渐闻名起来。

这条富裕的海上之路，当然也引起了海盗们的垂涎。当时印度洋上最著名的海盗，就是具有阿拉伯人血统的蒂皮·蒂普。他曾率领海盗船队多次袭击这条航路上的商船，每次都能顺利得手，劫得大笔财物，满载而归。

最顺利但又最令他遗憾的一次行动

在蒂皮·蒂普的海盗生涯中，最成功、最顺利但又最令他遗憾的一次行动，是1870年劫掠一支由12艘船组成的阿拉伯船队。当时，蒂皮·蒂普得到消息，有一支船队将途经印度洋向桑给巴尔岛驶来。这支船队甲板下装着的除了香料和布匹，还有满满100桶金币，他们准备用这些钱在东非和中非购买奴隶。

蒂皮·蒂普带领海盗船队悄悄地跟在这支商船队后面，不动声色地监视着他们，准备找机会下手。后来，商船队在肯尼亚东海岸附近遇到了暴风雨，导致这支船队不仅偏离了航线，而且许多船只被暗礁和激浪中的岩石撞得支离破碎。但是在大难来临之前，警惕的船员们早已经把那100桶金币用小艇转移到了另外两艘没有损坏的船上。然后，通过一条隐蔽的大河的支流，把100多桶金币运到了盖地城邦。经过几番周折，当那些人把金币藏好之后，回到了剩下的两艘船上准备离开时，他们没想到有海盗尾随在身后，蒂皮·蒂普是个十分残忍的人，那几个人还没来得及解释，就稀里糊涂地全被处死了。

> 阿拉伯海盗也许是最善于陆战的海盗，其能力不亚于正规军，尤以北非海盗为甚。但相应的，阿拉伯海盗不善于远海作战，因此对据点的依赖性很强。

阿拉伯海盗

图说海洋 世界闻名的海盗

▲ [盖地废墟]

盖地废墟遗址位于非洲国家喀麦隆蒙巴萨以北105千米,其为大型城市的遗址,在发掘的文物中,除了不少本国珍宝,还包括来自中国的瓷器。另外,传说中的100多桶金币,也使该遗址略显神秘。

蒂皮·蒂普非常自信,他自以为对盖地城邦的每一寸土地都十分熟悉,只要哪个地方稍微有了点变动,他就能觉察出来。但是,这次他想错了,尽管他在此地辗转多次,但始终没找到那100多桶金币。这时候他才后悔自己为什么不留下一个活口。

盖地埋藏着100桶黄金

盖地城邦后来被加拉奥罗莫的部落侵入,遭到了灭顶之灾,繁华的盖地城邦从此不见人影,逐渐被原始森林所覆盖。

1884年,英国人约翰·基尔克爵士凭着一把大砍刀,左砍右砍,硬是在密不透风的原始森林里砍出一条小路,进入了早已消失的盖地城邦,并为这个几百年来一直消失在浓密森林中的堡垒废墟拍下了第一张照片。从此,这座废墟城市就成了"东非的宝贝"。

盖地废墟埋藏着100桶金币的故事和大海盗蒂皮·蒂普的名字,也逐渐在人们中间流传起来。

巴巴里海盗联盟的领袖
贾恩·詹森祖

阿拉伯海盗

自从第一代巴巴罗萨建国之后，杰尔巴岛附近就成了海盗的聚集地，他们不断地打击欧洲的商船，组成了自己的海盗联盟，也就是名震地中海的巴巴里海盗。

白三角奴隶贸易

我们知道，欧洲人开辟了掠夺黑人贩卖到美洲并换回大量烟草、蔗糖等产品的黑三角奴隶贸易，前后历时400余年。但很多人不知道的是，巴巴里海盗从16世纪开始，就不断地袭击欧洲地区，大肆掠夺当地人，同时也为了报复欧洲人，海盗们劫掠基督徒，对于付得起赎金的，他们就只要钱，付不起赎金的就将其作为奴隶送到北非和中东的奥斯曼等阿拉伯奴隶市场中拍卖。巴巴里海盗手段残忍，劫掠奴隶的数量惊人。他们在1544年对意大利伊斯基亚岛的袭击中一次就掳走了4000名奴隶，顺带还掳走了附近利帕里岛的3000名居民；1551年巴巴里海盗又洗劫了意大利的维耶斯泰，并斩

▲ [欧洲白人奴隶市场]

图说海洋 — 世界闻名的海盗

▲ [荷兰船队与巴巴里海盗联合舰队相遇]

首了5000名居民；1563年巴巴里海盗进犯西班牙的格拉纳达，占领了当地所有的沿海村镇，4000名居民沦为奴隶。

欧洲人对巴巴里海盗的行为并非没有打击，只是非洲北部海岸的地理形势特别适合海盗进出，天然港口往往背靠潟湖，当有敌船企图攻击海盗时，海岸就成为海盗游击战的天堂。在沿海地区，占据制高点的山地为海盗提供了充足的侦察视野；海盗们有足够的时间来应对战斗。当欧洲各国的海军武器装备、编制训练与理论战术还没有得到提升的时候，对海盗的游击战术是无可奈何的，进攻常以失败告终。

▲ [一场与巴巴里海盗的大战]

在16—19世纪期间，意大利、西班牙、法国、葡萄牙、荷兰、英格兰、苏格兰、爱尔兰，甚至遥远的冰岛都有巴巴里海盗袭击沿海地区并绑架居民作为奴隶的记录。

巴巴里海盗在地中海和大西洋上横行了近两百年，对欧洲各国造成的财产损失数以亿计，严重干扰了欧洲各国的海上贸易与沿海地区的发展，欧洲各国深受其害。

阿拉伯海盗

> 巴巴里海盗主要来自北非国家，自西向东分别为摩洛哥、阿尔及利亚、突尼斯和利比亚。

良好的海盗氛围，成立诸多海盗王国

17世纪中叶，随着越来越多欧洲海盗的聚集，加上奥斯曼土耳其帝国管辖力量的薄弱，一些地方的贝伊与帕夏（相当于我们所说的诸侯国）开始拥兵自重，干起了海盗的营生。他们以正规军的装备从事海盗活动，同民间海盗一起在地中海上劫掠商船，并攻击欧洲沿岸的村镇，掠夺奴隶，其中战利品的10%作为提成上缴。此项贸易利润颇为丰厚，甚至让摩洛哥苏丹都眼红，于是他也带领摩洛哥人参与了海盗活动。

在16—19世纪期间，意大利、西班牙、法国、葡萄牙、荷兰、英格兰、苏格兰、爱尔兰，甚至遥远的冰岛都有巴巴里海盗袭击沿海地区并绑架居民作为奴隶的记录。在此期间共有125万欧洲白人基督教徒被海盗捕获，运回阿尔及利亚、突尼斯与的黎波里三省作为奴隶勒索赎金，而没有被赎回的奴隶则作为商品在市场上贩售，其中一些貌美的女白奴会被运至奥斯曼帝国首都君士坦丁堡，成为苏丹宫中的玩物。

横行海上的詹森祖率领的巴巴里海盗联合舰队

如此情形之下，越来越多的海盗首领聚集在北非地中海一带，他们共同推举了贾恩·詹森祖为海盗舰队的首领，一路北上，不断袭击着欧洲沿岸各国甚至打到了冰岛。

詹森祖出生于荷兰，在他担任巴巴里海盗联合舰队领袖之后，他们在大西洋上不断地侵扰欧洲各国的商船，这支海盗联合舰队战斗力相当强悍，虽然历史上并没有留下史料记载，但从下述说明中可见一斑。

詹森祖的海盗舰队先后与英、法、美等国的舰队发生了战争，由于当时欧洲各国的造船业与海军并不发达，所以欧洲各国并未能解决这一心腹大患，相反，由于战争失败，他们还必须向海盗缴纳相当一部分的保护费，以保护本国的船队不受海盗侵扰。

这时期的海盗，个人英雄主义不太适应当时的潮流，于是他们强强联合，为欧洲各国制造了许多麻烦，虽然这批海盗中没有太多的杰出人物，但他们强大的实力是不可抹杀的海盗历史的一段。

海盗王朝的继承者
哈桑·帕夏

哈桑·帕夏是巴巴罗萨的儿子，三次在阿尔及尔以元帅的名义摄政。他继承了他父亲对阿尔及尔的统治，取代了巴巴罗萨贵族哈桑将军自1533年以来对阿尔及尔的统治者地位。

帕夏人生的前期一直在与反抗者对抗，这种对抗持续许久，直到反抗者首领穆罕默德被暗杀。

1558年初，哈桑·帕夏率领阿尔及尔海盗，海陆并进入侵摩洛哥，但他们在摩洛哥北部的费斯瓦嗒战役中失利，西班牙人的进攻使哈桑·帕夏不得不撤到奥兰。他从摩洛哥北部的夸萨萨港上岸，与在那里上岸的阿尔及尔海盗联合抵御西班牙人。

1571年，哈桑参加了著名的勒班陀海战。面对神圣同盟舰队的奥斯曼帝国调动了1万名水手及3万名士兵参加战斗，并得到了海盗同盟的支援。在这次战役中，哈桑·帕夏掌握222条划桨船、56条快速划桨船及一部分小型船只迎击。此外，他也调动了部分精锐的土耳其禁卫军参与作战。最后由西班牙王国、威尼斯共和国、教皇国、萨伏依公国、热那亚共和国及马耳他骑士团组成的联合作战神圣同盟舰队击溃了哈桑·帕夏率领的奥斯曼海军，令奥斯曼帝国从此失去了在地中海的海上霸权。哈桑·帕夏也于1572年死于伊斯坦布尔。

◀ [奥斯曼大炮－造于1581年]

在帕夏执政不久就制造了它，长度：385厘米，口径：178毫米，重量：2910千克，石弹。1830年入侵阿尔及尔期间被法国扣押，现陈列于巴黎。

红胡子巴巴罗萨
阿鲁吉

存留于世的海盗,给人的印象总是驾驶着船舶,穿梭于海洋间,伺机打劫……可历史上,有一位海盗,不仅将自己的名字永远刻于历史长廊之上,还改写了一个王朝的历史。

当东方天骄成吉思汗的铁骑踏平中亚西部时,奥斯曼土耳其人穿越崇山峻岭,定居在小亚细亚台地上的安纳托利亚高原。在这里,奥斯曼土耳其人生息繁衍,逐渐强大,并最终建立了属于自己民族的政权。

几个世纪里奥斯曼土耳其人不断扩大国家版图,每当征服一个基督教地区,这些伊斯兰教徒都会竭尽全力迫使当地人改信伊斯兰教。伴随着奥斯曼土耳其帝国的强大,整个地中海成了穆斯林的世界。

在这个世界中,林立着无数小国家小政权,其中竟然有一个是以海盗头子为国家元首的海盗国家,那就是北非的阿尔及尔。

巴巴罗萨兄弟一抢成名

巴巴罗萨兄弟,哥哥名为阿鲁吉,弟弟名叫海雷丁,他们是希腊人,出生

▲ [米蒂利尼石头房子]

米蒂利尼是根据希腊神话中第一个居民,也是 Lesvos 第一个国王 Makaros 女儿的名字命名的,大约起源于公元前 10 世纪初。

▲ [教皇尤里乌斯二世]

教皇尤里乌斯二世于 1503 年 11 月 28 日—1513 年 2 月 21 日在位,为教皇史上第 218 位教皇,被教廷认为是历史上最有作为的 25 位教皇之一。

阿拉伯海盗

于米蒂利尼岛。当米蒂利尼岛被土耳其人占领后,巴巴罗萨兄弟参加了土耳其军队,成为一名士兵,踏上了征服北非其他国家的征程。

但没多久,兄弟二人便像许多土耳其士兵一样,摇身变为海盗。阿鲁吉和同伴们出没于地中海地区的北非沿海,打劫过往商船,他因勇敢善战、足智多谋而成为这一带海盗的领袖。

随着贪欲的膨胀,打劫普通的商船已不能满足阿鲁吉对金钱的渴求和对冒险的向往,胆识过人的他居然盯上了罗马教皇尤里乌斯二世的船只。

当满载珍贵收藏品和昂贵货物的教皇船只经过厄尔巴岛时,阿鲁吉带领海盗们驱使一艘舰船尾随其后,并以极快的速度赶上教皇的船,与之并行。待时机成熟时,阿鲁吉一声令下,海盗们亮出武器,跳上大船,出其不意地偷袭了船上的水手们,轻而易举地控制了这艘价值不菲的大船。这次成功劫掠不仅使阿鲁吉大发横财,也使得他成为地中海一带的海盗大亨,因为他与弟弟海雷丁都长了一脸红色的胡子,所以被人称为"巴巴罗萨"。

地中海上真正的王者

1504年秋,突尼斯总督将一个叫杰尔巴岛的近海小岛给了阿鲁吉,交换条件是他必须将20%的战利品奉送给突尼斯总督。杰尔巴岛位于突尼斯梅德宁省东部海域,面积约500多平方千米,岛的最大宽度和长度均为28千米,环岛沙滩有128千米。阿鲁吉拥有这个近海的根据地后,无疑增多了劫掠商船的机遇。此后,阿鲁吉船队扩张的速度更快,他们成了地中海上真正的王者。

信奉伊斯兰教的阿鲁吉抢劫的主要对象是西班牙商船,对此,西班牙人对他恨之入骨,多次派兵围剿阿鲁吉,都未获得成功。

1514年,气愤不已的西班牙海军进攻突尼斯,突尼斯总督无计可施,只能向阿鲁吉求援。面对着宿敌,阿鲁吉不

▲ [杰尔巴岛的清真寺]

杰尔巴岛位于突尼斯东南部,加贝斯湾内,是突尼斯也是北非最大的岛屿。岛上覆盖着大片的椰枣树和橄榄树。岛上古迹众多、海滩秀丽,是突尼斯最著名的旅游景点,有"旅游者的天堂"之美誉。

[阿尔及尔教堂]
阿尔及尔气候宜人，满城花木果树，是个非常美丽的地方，马克思晚年曾来此疗养。

惜以相对薄弱的军力向西班牙海军发起攻击，结果可想而知，不仅海盗军团遭到重创，阿鲁吉也在血战中失去了左臂。

"巴巴罗萨一世"

惨败后的海盗被迫放弃了杰尔巴岛，向西转移。在这期间，阿鲁吉因伤无法主持大计，便让弟弟海雷丁代替他管理船队。海雷丁比哥哥更加聪明，或者说是狡猾，并且精通6个国家的语言。在新的据点，阿鲁吉重整旗鼓，召集人马，北非的海盗们纷纷慕名投奔，一时之间，阿鲁吉的舰队再度成为地中海上规模最大的海盗舰队。

时间转眼来到1516年，西班牙国王斐迪南去世，位于北非的西班牙殖民地阿尔及尔趁机反抗，扬起了独立的大旗。阿鲁吉认为这是向西班牙复仇的良机，于是出兵攻打阿尔及尔的西班牙驻军。至1517年，巴巴罗萨兄弟不仅攻下地中海南岸的阿尔及尔，还控制了阿尔及尔的周边地区。在阿尔及尔呼风唤雨的阿鲁吉索性自立为王，正式登基，成为阿尔及尔苏丹，史称"巴巴罗萨一世"。

阿鲁吉寡不敌众，节节败退

由于阿鲁吉需要向土耳其帝国缴纳高额贡税，对此巴巴罗萨兄弟早有不满，在占地为王之后，他们便与土耳其帝国决裂了，失去强大后盾庇护的阿鲁吉根本就不是西班牙海军的敌手。

阿拉伯海盗 | 117

▲ [阿尔及尔海岸]

1518年,西班牙历史上著名的君主查理五世发兵征讨阿尔及尔,气势如虹,锐不可当。战斗中,阿鲁吉寡不敌众,节节败退,最终与追随者全部战死,无一幸免。

阿鲁吉死后,弟弟海雷丁继承了他的地位和富可敌国的财富,最终在君士坦丁堡颐养天年。

这真是一个极富戏剧性的故事,谁也没想到帮助穆斯林竖立海上权威的不是土耳其人,而是两位希腊海盗。

▲ [毕加索的《阿尔及尔的女人(O版)》]

印度洋海盗

Pirates of the Indian Ocean

海盗中的达·伽马

托马斯·图

他出生于底层海盗,也是欧洲第一个长途跋涉到印度洋抢劫的海盗,被誉为海盗中的达·伽马,他就是托马斯·图——一个海盗中的先驱者。

托马斯·图出身于底层海盗,没有人知道他的具体生辰,只知道他大约是17世纪中叶出生在希腊的罗德岛,于1692年入股经营"友谊"号快帆船,成为这艘武装民船的船长,他通过贿赂官员获得了袭击法国港口的私掠许可证。但是在出海后,托马斯·图改变了主意,骨子里透着冒险精神的他说服了船员,将航向指向了"堆满黄金和香料"的东方。尽管他知道这样的计划意味着:如果成功,他们的下半生将衣食无忧;但是如果失败,他们将死无葬身之地。

"友谊"号开始扬帆向东沿着当年达·伽马开辟的航线进入印度洋,或许是上天也偏爱这位新出道的海盗,他们刚驶到红海海口就遇到了一艘莫卧儿大帝的宝船,这成了托马斯·图的第一个猎物,凭借着破釜沉舟的决心,仅有60名海盗的"友谊"号击败了宝船上的300多名印度士兵,掠得大量的财宝。巨大的收获让托马斯·图的自信心空前膨胀,他沿着阿拉伯和印度海岸线一路掠夺,甚至绑架土邦邦主,勒索大批象牙与印度出产的香料,当1694年4月"友谊"

> 武装民船也是当时的特殊产物,也就是类似于领到"私掠许可证"的海盗船,

▲ [托马斯·图的海盗标志]

号回到罗德岛时,托马斯·图带回的巨大财富使他一夜之间成了万众瞩目的人物,年轻人纷纷辞掉工作,跑到船上来要求入伙,包括英国总督在内的社会名流们也频频向他发出宴会的邀请,但是

受到震动最大的还是那些海盗同行们,从大西洋到加勒比海,从圣·马丽诺港到新普罗维斯顿,到处都在传播"东方有宝藏,托马斯·图已经成功"的消息,自此德雷克开创的"西方战场"不再是海盗们唯一的选择,更多的人开始注意"东方的财富",莫卧儿王朝和东印度公司叫苦不迭的日子开始了。

"功成名就"的托马斯·图并没有满足,1694年11月他再次雄心勃勃地起锚向东而去,但这一次,幸运之神并没有站在他身边,1695年9月,当他在红海上与一艘印度船只战斗时被乱枪打死。据说他的肚子开了花,肠子流了一地,没有人知道那天是几号,先驱者托马斯·图连自己的忌日是哪一天都不知道就下了地狱,像大多数海盗一样,他从大海中来,最后又回到大海中去了。

印度洋海盗

▲ [印度洋]

印度洋海盗 | 121

大嘴巴
穆罕默德·阿布迪·哈桑

> 穆罕默德·阿布迪·哈桑，绰号"大嘴巴"，是索马里海盗中"臭名昭著，颇有影响力的首领"。

从 2004 年开始，哈桑在活跃于北印度洋的海盗中可谓十分瞩目。他带领部下创造了国际公海上两次最大胆的劫持。

两次最大胆的劫持

2008 年 11 月，哈桑和部下在印度洋海域劫持了沙特阿拉伯的超级油轮"天狼星"号，油轮上装有价值 1 亿美元的原油，哈桑开价 2500 万美金赎金，但最终只得到 300 万美元赎金。"天狼星"号与美国海军的航空母舰大小相当，这次"史上最大船只"劫持事件使得哈桑声名大噪。

2008 年年末，哈桑又率手下劫持了乌克兰装载武器的"菲娜"号，船上安置有高射炮、火箭弹以及至少 30 辆 T-72 坦克，在经过 100 天的对峙后，直升机盘旋在"菲娜"号上空，空投给哈桑超过 300 万美金，他的行径引发了全球关注和恐慌，之后有十几个国家派

> 加尔卡尤是索马里的中心，尽管战略位置重要，但是城市发展很差，失业率很高，暴力是人们日常生活中的一部分。海盗在当地有相对较高的地位，能挣钱建立大房子和企业。很多人梦想成为海盗，因为那代表着成功。

▲ [穆罕默德·阿布迪·哈桑]
随着 1991 年索马里内战的爆发，亚丁湾这一带海盗活动更趋频繁，曾多次发生劫持、暴力伤害船员事件。

出三十几艘舰艇在哈桑经常出没的亚丁湾和印度洋护航。

由于海盗猖獗，许多船队在通过索马里海域时多配备私人安保，海军在该海域的护航也有所增加，导致索马里海

非凡海洋大系　闻名世界海盗集锦

▲ [索马里海盗装备]

> 由于海盗的猖狂，2008年10月29日，索马里总统给国外军队"开绿灯"，允许他们在索马里国境范围内打击海盗。作为回应，海盗决定和军队放手一搏。

盗2013年行动成功率陡降。同时，索马里政府为鼓励"大嘴巴"投诚，也给了他外交身份和护照。

2013年1月，穆罕默德·阿布迪·哈桑宣布"金盆洗手"，退出海盗这桩"肮脏生意"。其间有媒体披露，"大嘴巴"在退出江湖之后，曾有意介入索马里政坛。

准备"诱捕"索马里海盗头子

2009年时，有两名哈桑海盗组织中的成员因袭击、劫持比利时船只被判刑入狱。比利时警方并不想就此结案，希望能够"顺藤摸瓜"抓到元凶。比利时警方开始精心设计方案，准备"诱捕"哈桑。比利时警方通过"线人"与穆罕默德·M·A接上了头，落实了"诱捕"计划第一步。随后，又通过穆罕默德·M·A接触上"大嘴巴"穆罕默德·阿布迪·哈桑，怂恿两人前往比利时参与一部有关海盗题材纪录片的摄制工作。据悉，比利时方面"答应"以穆罕默德·阿布迪·哈桑为原型，拍摄一部有关海盗台前幕后的纪录片，他们邀请穆罕默德·阿布迪·哈桑前往布鲁塞尔为该纪录片担任顾问。

2013年10月12日，穆罕默德·阿布迪·哈桑在布鲁塞尔国际机场被比利时警方拘捕，并转送至比利时北方港口布鲁日看押。

▲ [被索马里海盗扣留的渔船]

印度洋海盗

合法身份下的海盗
罗伯特·絮库夫

▲ [罗伯特·絮库夫]

罗伯特·絮库夫于 1827 年 7 月 8 日去世，被以军人仪式埋葬在圣马洛陵园，他的墓碑是一座展现印度洋的地球仪和一具船锚。

罗伯特·絮库夫（1773—1827 年）是法国历史上最后一个海盗，主要活跃在印度洋上，曾俘获超过 40 艘战利品，作为船主从私掠和商业贸易中积累了巨额财富。

罗伯特·絮库夫曾在"黎明"号、"非洲信使"号和"航海家"号贩奴船上担任过水手和军官，见识了其中的巨大利益。在升任上尉之后，他不顾国民公会于 1793 年颁布的反奴隶贸易的禁令，作为"克里奥尔"号的船长继续从事这项生意。

他随后成为商船"埃米莉"号的船长，从事袭击商船的活动，尽管他并没有得到政府的特许状。在他所捕获的船只中最著名的是东印度商船"肯特"号，但是在回到毛里求斯后，他的战利品就被政府没收了。此后他回到法国，并被授予法国荣誉军团勋章且安定下来当上了船东。

在回到法国之前，他曾于 1807 年驾驶"回归"号特制私掠船短暂活动于印度洋，在那里他的私掠船队获得了巨大成功。絮库夫从 1809 年开始作为船东参与商业，数年之后武装了多艘私掠船，包括"奥古斯特"号、"鲷鱼"号、"爱德华"号、"剑鱼"号、"卡昂市"号、"阿道夫"号，以及"雷纳"号。但他的船队在英吉利海峡遭到了毁灭性打击，英国人几乎俘获了絮库夫所有的私掠船，只有"雷纳"号得以幸免。

1814 年 1 月，絮库夫被任命为圣马洛国民卫队上校，在百日战争期间担任地区长官负责维持秩序。他在滑铁卢战役之后辞去公职成为一位商人，武装了 19 艘商船，建立了与纽芬兰的商业往来。

絮库夫于 1827 年 7 月 8 日去世，被以军人仪式埋葬在圣马洛陵园，他的墓碑是一座展现印度洋的地球仪和一具船锚，墓志铭写道："一位水手完成了他的使命，在墓中沉沉睡去，海员失去了他们的父亲，厄运失去了一位朋友。"

> 长期以来有很多关于絮库夫的传说，有人说他获得了帝国男爵的头衔，但这并非事实。另一个传闻说絮库夫将从"肯特"号上缴获的黄金扔进了大海，而事实上"肯特"号并未携带黄金。

东亚海盗

Pirates of East Asia

图说海洋 世界闻名的海盗

最早见于文献记录的海盗
张伯路

张伯路，东汉农民起义领袖、海贼、天师道天帝使者。为东汉中期寇略沿海九郡的"道巫"海贼，此人以早期天师道（道巫）为精神号召，自称"天帝使者"，他是我国古代最早见于文献记录的海盗。

> 早在西汉末年，曾爆发了以吕母为首的海上大起义，聚众万人，攻掠县城，长期据守海岛，给当时的新莽政权以沉重的打击。

▲ [张伯路民间流传的画像]

东汉自和帝以后，皇帝都是幼年即位，由外戚、宦官轮番把持朝政，政治日趋腐朽。如汉灵帝刘宏公然在西园卖官鬻爵，州郡官职有时一月轮换几次，官吏到任后，就聚敛搜括财物。

自安帝以后，朝廷长期对羌族用兵，耗费军饷四百多亿。这一沉重负担又全部落到农民头上，加上各种自然灾害，以致出现了"田野空，朝廷空，仓库空"的严重局面。大批农民四处流亡，饿殍遍野，连京师洛阳也是死者相枕于路。由于社会危机日益深重，广大农民被迫奋起反抗。

公元109年（汉安帝永初三年）七月，青州地区发生大旱、地震等特大自然灾害，导致民不聊生，人皆相食，地方官依旧横征暴敛，压迫人民。青州（今山东东北部）沿海三千多人"略缘海九郡"。

张伯路"冠赤帻，服绛衣，自称将军"，渔民以张伯路为首领，"红衫军"揭竿而起，焚烧官府，击杀官吏，攻占沿海九郡，转战于山东半岛与辽东半岛之间。后因官兵与地主武装联合镇压，起义军接连失利。

张伯路利用起义军多是渔民出身的有利条件，率师泛海北渡，以长山列岛为根据地，依靠岛上渔民，巧与官军周旋。他们经常化装成渔民，时出时没，忽南忽北，杀得官军和地主武装蒙头转向。豪绅为之丧胆，官府日夜不宁。

> 张伯路起义路线，跨越渤海海峡，其实这条从山东半岛渡渤海海峡经由辽东半岛沿海地区到达朝鲜半岛和日本列岛的远洋航路可溯自新石器时代晚期。自汉初，燕人率人进入朝鲜，自称韩王，受辽东太守节制，负责朝鲜半岛与汉朝交通路线的通畅。

◀ [三梁冠]

汉朝当时官至尚书的人才带三梁冠，礼制上无五梁冠一说，可见张伯路也是个自我创新，欲跟东汉朝廷分庭抗礼的主。此后才出现超过三梁的梁冠，最多有九梁冠。

中丞：官名。汉代御史大夫下设两丞，一称御史丞，一称御史中丞。因中丞居殿中而得名。掌管兰台图籍秘书，外督部刺史，内领侍御史，受公卿奏事，举劾按章。

刺史：职官，汉初文帝以御史多失职，命丞相另派人员出刺各地，不常置。"刺"，检核问事之意。

张伯路领导的渔民起义军，盘踞海岛与官军抗衡达三年之久。他还跟河北一带的强盗刘文河、周文光结盟，"攻厌次城，杀长吏，转入高唐，烧官府，出系囚"。联合进攻厌次（今山东惠民东）、高唐（今山东禹城境），冠五梁冠、佩印绶。张伯路是海上武装，为了说明他不是一般人，还分封众头领为将军，自己则带着五梁冠，佩着大印，接受这些人的参拜。

他以海岛为根据地，通过打游击战来挫败官军的进攻。汉王朝派御史中丞王宗、青州刺史法雄，调发幽、冀郡数万军队前往镇压。义军转移至辽东海岛。如此坚持到永初五年（公元 111 年），张伯路被法雄的官军大败，而所据海岛荒凉，没什么吃的，便向辽东转移，官军一路追击。

公元 112 年，起义军终因官军和辽东人李久的地主武装南北夹击而失败。但是，他们却在长山列岛地方史上，第一次写下了渔民武装斗争的光辉一页。最终张伯路战死，海盗武装随之消散。

张伯路为什么被称为黄巾先驱呢？

文献《法雄传》中将张伯路称为"使者"并且是"天帝"的使者、"黄神越章"，具有仅次于"天帝"的权力。由此可见张伯路使用的是巫师们惯用的伎俩，他们不是凡间人物，而是"黄神越章"的神灵附体。

▲ [法雄]

法雄是齐襄王田法章的后裔，当张伯路揭竿而起时，正是由法雄镇压的。法姓在我国并不多，秦国灭齐国之时，田氏子孙均不敢自称田姓，因此改为法姓。

东亚海盗

香港海盗
张保仔

图说海洋 世界闻名的海盗

张保仔，原名张保，广东新会县江门镇水南乡人，是1810年以前广东沿海著名海盗、华南海盗、之后投诚成为清朝水军军官。到现在仍为人所熟悉的香港历史人物。

> 嘉庆皇帝赐婚，准予张保仔、郑一嫂结为合法夫妻

▲ [张保仔和郑一嫂画像]

张保仔之后做官，帮助朝廷相继镇压从前的海盗盟友，在广东沿海活动10余年的海盗基本上被肃清了。郑一嫂也继续辅佐他，而且在38岁高龄给张保仔生了一个儿子。

成为红旗帮的首领

张保仔出生于渔民家庭。15岁那年，他随父出海捕鱼，被海盗红旗帮郑一掳去，从此上了贼船。郑一赏识其手脚灵活，嘴巴乖巧，令其跟随左右，呼作保仔。不久，收为义子，升为头目。

嘉庆十二年（1807年）十月十七日，郑一在一场台风中被吹落海溺死。其妻子石氏，人称郑一嫂，便成为红旗帮的首领。寡妇石氏与张保仔以母子相称，而又经常独处一屋，日久生情，久之张保仔成为红旗帮首领。

小头目把张保仔奉若神明

张保仔其人非常迷信，每每遇到形势不利，部属思想动摇，或决断重大事情的时候，张保仔往往会借助迷信手法：先把自己的主张告诉道士，然后在"神楼船"召开大小头目会议，经过一番议论之后，再由道士进行求神问卜，最后将张保仔的意见当作神的意旨，使部属深信不疑，言听计从。由于行动计划安排得巧妙周密，因而往往能取得预期效果。大小头目更把张保仔奉若神明，投靠他的人也不断增加，其势力越来越大，逐渐成为最大的海盗帮派。张保仔经常活动于清政府势力偏远的南洋海域，烧杀掳掠沿海村落，抢劫来往商船货物，勒索通行费，然后购买大量火器船备，扩张势力。在全盛时期他拥有部属7万多人，大小船1000多艘。大船装有大炮，备有不少短刀、长矛等，小船装有旋转炮。

张保仔的劫掠对象以过往的官船、洋船为主，清政府多次派兵剿灭，均遭失败。

嘉庆十四年（1809年），张百龄出任两广总督，对于海盗一反过去的武力镇压，而是采用断绝粮食，杜绝接济，禁船出海的办法，使得张保仔在海洋上无所劫掠，出现困境。于是他谋入内河，假冒官兵，乘人不备，猝然抢夺。当官兵登陆采购时，乡人又疑为盗贼，群起而攻，情况非常混乱。是年五月，张保仔率领船队，企图劫掠新会县外海、潮连两乡，署县沈宝善亲到江门抵御，两乡大炮林立，严阵以待。张保仔望而却步，托言"不怕潮连人，但怕潮连神"，便转头去劫牛渚湾复兴墟，沿途与官兵血战。

六月，张保仔率众由崖门经银洲湖，入开平长沙劫掠，烧铺200余间。其时，香山（中山）、东莞、南海、番禺、顺德等县均受其害。十一月，张保仔在香港赤沥角、大屿山被广东水师和澳门葡萄牙海军联合围攻。在此期间，张保仔曾求救于黑旗帮首领郭婆带，因郭与张素有矛盾，

在西方人眼里，郑一嫂是全世界数一数二的大海盗，每一个梳理"十大历史上最著名的海盗""七大史上最凶残的海盗"的榜单，都不会漏掉她，她被尊称为"郑夫人"。

东亚海盗

▲ [张百龄画像]

张百龄，字子颐，号菊溪，谥曰"文敏"，隆化县张三营人，乾隆三十七年进士，从清朝乾隆年间至嘉庆年间，曾为官43年，勤政爱民，功绩卓著，历任兵部尚书（坐衔）、刑部尚书、左都御史、都统、巡抚、协办大学士等要职。

东亚海盗 | 129

> 相传张保仔曾扼守琼州海峡，专门袭击清廷官船和外国侵略者的商船，截获了大量金银珠宝。大批财宝被张保仔藏匿在海盗大本营——上川岛各处，并留下了记有藏宝诗的手抄本。由于手抄本失传已久，大批的财宝下落不明，它们仍旧被深埋地下，等候着有缘人的发现。
>
> 香港长洲、南丫岛等地，也有张保仔藏宝洞之说，至今仍是好事者的探秘之处。

遂坐视不理，张保仔只好乘着风势突围而逃，事后，郭婆带怕他寻仇，遂于十二月向清政府投诚，受封为"把总"。

张保仔投诚

此后，张保仔和郑一嫂受到郭婆带投诚受封的影响，感到形势对他们不利，亦认识到做海盗终非良策，于是渐萌投诚之意。当澳门医生周飞鸿（周与张保仔原有深交）受两广总督张百龄之命对其劝降时，张保仔当即表示愿意投诚。

嘉庆十五年（1810年）四月，张百龄到香山县芙蓉沙接受张保仔投诚，并授"守备"之职，戴红顶花翎。张保仔向清政府交出船270多艘，大炮1200门，刀、矛等兵器7000多件，部众16 000多人，同时自己更名张宝。不久，随官兵出海缉捕海盗，擒获蓝旗帮首领乌石二（即麦有金），首立战功。这时张保仔与石氏正式结为夫妻。

屡立战功，得到朝廷赏识

张保仔当了清朝水师官员后，因是海盗出身，时常受到同僚的嘲讽、为难。但他积极剿灭海盗，屡立战功，得到朝廷赏识，多次升迁。嘉庆二十四年，擢升为福建闽安副将，委任到澎湖驻守，石氏被诰封为命妇。

嘉庆二十五年（1820年）二月，监察御史林则徐向朝廷上奏，提出"勿忘台湾郑氏"，意见被朝廷采纳，从此，张保仔再没有升职，以副将终身。

道光二年（1822年），张保仔病死于任上。两年后，石氏携子回南海县定居。道光二十五年（1845年）五月，石氏的命妇衔被朝廷追夺回去而成为平民。

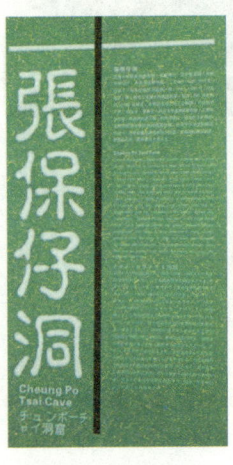

◀ [张保仔洞旅游景点]
张保仔洞的洞口约10尺长，非常昏暗、狭窄，但现已加设了钢梯，以方便游客进出洞穴。

世界十大海盗中唯一的中国海盗
郑一嫂

郑一嫂是电影《加勒比海盗》中的中国老太太原型，是世界范围内中国海盗王的代表，被列为世界最著名的十大海盗之一，也是一个被西方世界所熟知的中国传奇海盗。

郑一嫂生于 1775 年，原姓石，乳名香姑，也被人称为郑石氏，其娘家和夫家均为海盗世家，她的丈夫郑一是珠江口红旗帮首领，而且胸怀大志，一直致力于将珠江口的各股海盗势力统一为以他为盟主的六旗联盟，而郑一嫂堪称贤内助，自始至终参与其事，海盗们尊称她为"龙嫂"。1807 年六旗联盟成立不久，郑一于一场强台风中坠海身亡，郑一嫂继承了他的事业。

颁布了非常严厉的法令

郑一死后，郑一嫂成为了红旗帮的首领，但是她的地位并不稳固，于是她通过加强船队的组织纪律性来树立权威。为此，她颁布了一些非常严厉的规定。如凡胆敢擅自专权或是违背上级命令者，立斩不赦；任何窃取公共财物或是在乡民中盗窃者，也以死罪论处；任何人不得私自藏匿未经交验的战利品。其他犯规者也会受到严惩，如开小差或是未经许可擅自缺到者，将受到割耳之刑，而后便在本股弟兄面前示众；如强奸妇女

▲ [郑一嫂画像]
19 世纪初西方报刊上通缉的郑一嫂。

明末珠江口就有著名的郑、石、马、徐四姓海盗横行，康熙收复台湾后，郑家部分残兵流向珠江口为盗，珠江口海盗逐渐由原来的四姓演变为红、黄、蓝、白、黑、紫六旗帮。

者，将被处死；如男女私通者，男的斩首，女的腿绑重物沉入大海。

在郑一嫂领导红旗帮期间，有一个

东亚海盗

人不得不提，他就是郑一的义子张保仔。张保仔出身渔民家庭，15岁那年在一次随父出海时被郑一掳走，后来郑一赏识他精明能干、嘴巴乖巧，就收为义子。郑一死后，精明能干的张保仔帮助郑一嫂迅速掌握了红旗帮并维持了六旗联盟，两人也日久生情。

善于借鉴先进技术

红旗帮在郑一嫂、张保仔的经营下，全盛时有船只五六百艘，海盗三四万人，他们以香港大屿山为基地，在香港岛有营盘和造船工厂。郑一嫂的队伍不仅纪律严明，而且也很善于借鉴西方的先进技术，红旗帮使用的武器大多是千方百计弄到手的洋货。有一次，跟英国战船交火后，郑一嫂认真观察对手遗留的弹头，发现英国人发射的是最新研制的24磅炮弹，几个月后，她的船队便装备了这种新式大炮。

郑一嫂和张保仔所领导的红旗帮装备之精良跟大清水师相比都不相上下，因此不仅屡败官军，甚至取得了重创葡澳舰队（其中有美国雇佣兵）且把澳门围困得几近断粮的辉煌战绩。面对英国舰船在中国的水域内横冲直撞，郑一嫂还在1809年痛击了广州内河的英国船只，俘获一艘英舰，斩杀数十名英国士兵，令英军震惊。

在清政府针对红旗帮的围剿时期，红旗帮在郑一嫂、张保仔的指挥下，连续打败了前来围剿的官军，战果辉煌。在浙江海面，他们打死了浙江水师提督徐廷雄；在香港大屿湾，灭掉了清水师战船二十多艘，生擒广东水师提督孙全谋；他们还进逼广州，打死虎门总兵林国良，迫使两广总督频频换人。

在这期间，澳门葡萄牙人曾会同清朝水师，组成中葡联军，合围红旗帮，一度将红旗帮的主力船队封锁在大屿山，历时八日。但红旗帮如有神助，张保仔算准风向与潮汐，与郑一嫂一起集结大船三百只、火炮一千五百多门、部卒两万，突然发作，海面炮矢横飞，无人敢撄其锋，于是扬长而去。

▲ [郑一嫂装配新式大炮的船]

有一位名叫格拉斯普尔的英国富商曾被红旗帮绑架，从而耳闻目睹了红旗帮海盗的日常生活等，在被赎回并返回英国后，他写了一本回忆录，将郑一嫂的事迹公之于众，引起了西方社会对郑一嫂的强烈关注，并将她誉为东方海盗王。

招安并与养子成婚

后来，六旗联盟因为郑一嫂不肯改嫁给黑旗帮老大郭婆带而导致分裂。清政府趁机采取"怀柔政策"，黑旗帮作为六旗联盟的第二大帮投降了，大大削减了郑一嫂和张保仔的力量。迫不得已之下，红旗帮也开始寻思着接受招安。当时一个叫周飞鸿的澳门医生与张保仔很有交情，他受两广总督张百龄之托劝红旗帮投降，郑一嫂和张保仔也颇为意动。

清朝的招安条件虽说很宽，但有一条是不能免的，就是招安时海盗们须下跪。红旗帮海盗一向看不起清军，让他们向昔日的手下败将下跪，他们很难接受。双方陷入僵局。

关键时刻显出了郑一嫂的巾帼豪气，她决定亲自前往广州，直接与两广总督张百龄谈判，而且不带任何武器。1809年4月17日，郑一嫂不顾众人的反对，带了一个由17名妇女儿童组成的代表团亲赴广州面见总督。在谈判中，郑一嫂坚持应该保留一队帆船，不过目的不是用于打仗，而是用于"食盐贩卖"。对于张百龄的所有其他提议，她一概漠然处之，直到最后张百龄屈服于她的要求为止。

当然，作为一个精明的谈判者，她也适当做出了让步，同意张百龄提出的方案：由皇帝赐婚，准予张保仔、郑一嫂结为合法夫妻，郑一嫂、张保仔跪拜谢恩，这也算跪拜接受招安了。

招安后，张保仔封三品官，后来升为二品官，授郑一嫂诰命夫人。郑一嫂还在38岁高龄时为张保仔生了一个儿子。道光二年（1822年），张保仔病死于任上后，郑一嫂带着儿子回了南海县定居，在鸦片战争期间，郑一嫂还积极为林则徐出谋划策，抗击英军。道光二十五年（1845年）五月，郑一嫂的命妇衔被朝廷追回而成为平民。

▲ [1836年的《全球海盗史》中收有一帧罕见的"抢掠中的郑一嫂"]

阿根廷文学家博尔赫斯在阅读了一本1932年的书——《海盗的历史》后，痴迷于郑一嫂的故事，写下了短篇小说《女海盗郑寡妇》。

五峰船主
王直

王直（1501—1559年），号五峰船主，是明代著名的海商和海盗头子，也是火枪传入日本事件中的关键人物。

王直是明朝南直隶徽州府歙县人，他小时候很聪明，但是不爱读书，反而对做生意非常感兴趣。他为人很仗义，青年时期结交了很多朋友，在经商的过程中得知海外的日本和东南亚各国急需中国的商品后，他决定下海做海上贸易。但是这个时期的明朝政府，实行的是"海禁政策"，"片板不得入海"，想做海上贸易只能靠走私，他也因此沦为了海盗。

铁炮传入日本

嘉靖十九年（1540年），趁明朝海禁政策松缓之时，王直和老乡徐惟学与福建漳州人叶宗满、谢和、方武一同赴广东进行海外贸易，"置硝黄丝棉等违禁货物，抵日本、暹罗、西洋诸国往来贸易"。

1542年，从事海商贸易有几个年头的王直接受了日本战国大名松浦隆信的邀约，以九州外海属于肥前国的平户岛（属今长崎县）及日本萨摩国的松浦津为基地，从事海上贸易。

1543年8月份，王直带着几名葡萄牙商人来到了日本，葡萄牙人此行带来

▲ [王直像]

1540年王直抵达日本的五岛群岛中的福江岛，受到当地大名宇久盛定的热烈欢迎。当时五岛群岛的名称为"值贺岛"，王直在海上看到五个山峰，故自号"五峰"，日本人也受到他的影响，将值贺岛的名称改成五岛。

> 关于王直，官方的《明史·日本传》里"嘉靖倭乱"几乎一半全是他的记录，民间的图编、考源、倭纂、纪略、文集、方志、小说更是浩如烟海。人们一直试图从茫茫史料中找出一个真实的王直，但最后还是流于平面化，甚至连他的姓都模糊不清，汪直还是王直？

了火枪，他们称之为"铁炮"，并且亲自示范了铁炮，日本人见其威力不小，杀伤力很大，所以就购买了一些，这就是日本著名的"铁炮传入"事件，这次事件使日本开始了冷兵器向热兵器的过渡，客观上也加快了日本战国的统一。

势力大涨

1545年，王直带着手下的千余人加入了许栋的海盗集团，许栋和他是老乡，他长期盘踞在双屿岛，是当时最强大的海盗团伙之一。王直加入许栋集团后，先是做库管，然后成为管哨，逐渐进入核心圈。

1548年，明朝著名抗倭将领朱纨率领几百艘船进攻双屿岛，海盗不敌，双屿港被摧毁，许栋和其他头目大多被杀，王直凭借出色的领导才能成为了新的首领，他重组了海盗集团，继续进行亦商亦盗的活动。他对朝廷一直有很大的期望，希望朝廷能够开放海禁，允许海上贸易。在地方官员默许"私市"的暗示下，他主动配合官府，于1552年平定了陈思盼等多股烧杀掠夺的海盗，维持了沿海秩序，逐渐确立了自己"海上霸主"的地位，并试图在舟山沥港重建双屿港的繁华。王直部下分为几大船团，代表性的船团长有浙江人毛海峰、徐元亮，安徽人徐惟学，福建人叶宗满。当时王直的部下甚至可以堂堂正正地出现在苏州、杭州等地的大街上与百姓进行买卖，百姓则争相把子女送到王直的船队中。但是他的这些部下良莠不齐，有老实做海

东亚海盗

▲ [佛渡岛－宁波博物馆]
浙江舟山佛渡岛，是16世纪远东与西方贸易的重要港口，也是明朝海盗集团王直等人的根据地。

东亚海盗 | 135

上贸易的，也有专门做海盗，烧杀掳掠无恶不作的，王直并不能完全约束他们。

嘉靖三十二年（1553年）三月的一个深夜，俞大猷率官军偷袭沥港围歼王直，王直与明军短暂对抗后，败走日本。此后王直长期以松浦为据点，自称徽王。

被胡宗宪招降

嘉靖三十三年（1554年）四月，胡宗宪受命出任浙江巡按监察御史，官至兵部左侍郎兼都察院左佥都御史，总督南直隶、浙、福等处军务，负责东南沿海的抗倭重任。为招降王直，胡宗宪先将王直的老母妻儿放出监狱，优裕供养，后遣使蒋州和陈可愿至日本与王直养子王滶（毛海峰）交涉，遂见王直，晓之以理，动之以情。当得知亲人无恙，王直不禁喜极而泣，并向来使诉苦："我本非为乱，因俞总兵图我，拘我家属，遂绝归路。"而对于通商互市的承诺，他更加无法抗拒。王直表示愿意听从命令。王直将蒋洲留在日本，为表示诚意，他命毛海峰护送陈可愿回国面见胡宗宪，具体商量招抚和通商互市事宜。胡宗宪厚抚毛海峰，使王直消除了疑虑。

"死吾一人，恐苦两浙百姓"

嘉靖三十七年（1558年）二月五日，王直在杭州西湖游玩期间被王本固诱捕，下狱时连声追问："吾何罪？吾何罪？"他向皇帝恳请："如皇上仁慈恩宥，赦臣之罪，得效犬马微劳驰驱，浙江定海

2000年，日本长崎县福江市的12名日本人在王直原籍安徽省黄山市歙县捐资修建了王直墓。王直墓引起了网络和舆论对王直的功过是非的激烈争论。

▲ [浙江海盗村]

外长涂等港，仍如广中事例，通关纳税，又使不失贡期。"也就是说，把广东允许开放通商口岸，设立海关收取关税的做法，推广到浙江沿海，并且恢复日本的朝贡贸易关系，那么，东南沿海的所谓"倭患"就可以得到解决。

嘉靖三十八年（1559年）十二月二十五日王直被斩首于浙江省杭州府官港口，临刑前他见了儿子最后一面，子抱持而泣，王直拿一根髻金簪授其子叹曰："不意典刑兹土！"伸颈受刃，至死不求饶。王直死前所说的"死吾一人，恐苦两浙百姓"一语成谶，很快"新倭复大至"。闽广遂成倭患的重灾区。

国际"倒爷"
林道乾

东亚海盗

林道乾，又名林悟梁，年轻的时候做过潮州小吏，因为走私贸易被通缉，投靠了海盗集团，后来自立山头，成为当时广东和福建一带最大的海盗头子，而且在南洋一带闻下了偌大的名头。

▲ [林道乾雕像]

林道乾是明朝著名的海盗头子，生于广东省澄海县（潮州人）苏湾都南湾村（今属湾头镇），在年轻的时候做过潮州官府的一个吏员，他非常机灵而且有智谋，不过不太安分。由于明朝实行海禁政策，沿海地区一些商人为了利益常冒险出海进行走私活动，林道乾也参与了其中，事情败露后就逃走当了海盗。

进攻诏安

林道乾当了海盗后，在澄海县南湾一带聚拢人马，当时他的手下不过百来人，不过他通过建造海船、走私贸易慢慢壮大了队伍，特别是王直被朝廷诱杀后，他收编了王直的一部分手下，势力大增。嘉靖四十二年（1563年）三月，林道乾率领50余艘船从广东汕头的南澳岛北上攻打福建漳州的诏安县南村土围和厩下村土围，他在这里烧杀掳掠，获得了大量钱财，但是他也遭到了明代抗倭名将俞大猷的迎击，林道乾不敌，兵败后退到了台湾。

在打狗山流传的故事

林道乾来到台湾后，在官方记载中还留下了

东亚海盗 | 137

▲ [程洋岗村]

林厝围,是澄海古村程洋岗内的一个小小村落。村民不过两三百人,多姓蔡。日常生活安静平和,波澜不兴。走在村里,依稀可见古时的遗迹,却很难让人想到,这里曾经和纵横南洋、博弈数国的"巨盗"林道乾有关。

"膏血造舟"的恶魔形象,康熙三十三年的《台湾府志沿革》记载说:"道乾以台无人居,非久居所,恣杀土番,取膏血造舟,从安平二鲲身,隙门遁占城。"意思是林道乾对台湾这个地方并不看好,觉得不是久居之所,所以在这里恣意妄为,大肆屠杀当地居民,并用其膏血造船,这种行为让人匪夷所思,可能只是对林道乾海盗行为的艺术加工。在台湾还有林道乾在打狗山上埋下金银财宝的传说。

有专家考证,林道乾在大泥港任职期间,其妹也做出了不小的贡献,那里的华侨流行林姑娘祭拜,此林姑娘并非妈祖,而是林道乾的妹妹。

招安又复叛

林道乾在台湾并没有停留多久,之后又回到了潮州附近海域打游击,而此

> 在现代版的《澄海县志》中，已经不再称林道乾是"贼"了，而说他是"明时海上武装力量首领，也是明代拓殖南洋的著名人物"。

时隆庆帝已经继位，宣布开放海上贸易，即历史上著名的"隆庆开关"。隆庆元年（1567年），林道乾率领部下先后两次攻打澄海县溪东寨，第一次被击退，第二次攻克并占据了溪东寨，他在这里大肆掳掠并杀死了不少人。这时候的朝廷采用"以盗制盗"的策略来打击海盗，所以在横海将军郭成常、潮阳知县陈王道的建议下，朝廷决定招降林道乾，想让他去对付另一股更为强大的海盗曾一本，1570年，林道乾接受了朝廷的招安，他的队伍建制被完整保留下来并被安置在潮阳县的招收部下尾村，而且"得食膏腴田千余亩"，他在被招安后也讨伐了一些小股的海盗，但是他一边讨伐海盗壮大实力，一边又进行走私活动，引起了明政府的不满，当时两广总督殷正茂想伺机消灭林道乾，但被林道乾察觉，他没等殷正茂发兵就逃出了潮州，于1573年南下到达了柬埔寨。

南洋立足

林道乾到达柬埔寨后，在这里结识了澄海同乡杨四，杨四在当地有一定的势力，在他的撮合下，林道乾向柬埔寨国王进献了很多金银和上等的棉帛，他也被柬埔寨国王任命为"把水使"。后来明朝官员探听到林道乾在这里的行踪，要求暹罗、安南两地出兵捉拿林道乾及其同党，但此时的林道乾又回到了潮州，在潮州招募了一批手下后，他带着手下和财物直奔暹罗，而且伙同杨四请柬埔寨国王发兵千余人、舰船几十艘攻打派兵捉拿自己的暹罗，不过没有取得成功。在这期间，为了躲避官府的围剿，他还改名为林悟梁，专门在暹罗附近海面劫持商贾船只，并且还准备伙同渤泥国攻打暹罗，暹罗国王无奈之下只好同他讲和，双方还立下盟约，暹罗保证林道乾不被明军抓走。

结局扑朔迷离

据《万历武功录》记载林道乾最后不知所踪，也有记载说林道乾死于内讧，其手下谎称他自制土炮被炸身亡。而在泰国保存的《北大年年志》记载，林道乾和暹罗国王歃血为盟后来到了北大年定居，他率领部下开垦荒地并在海岸地区兴建港口，即北大年港，也即后世的"道乾港"。林道乾在这里和当地居民和睦相处，带领部下兴建了各种设施，被当地人尊称为"客长"。

林姑娘庙

传说在北大年地区有个马来王国，林道乾率领部下攻打时，被国王女儿的美貌吸引，遂以传禅为条件入赘了，后

东亚海盗

来他的妹妹林姑娘也率精兵赶来了,要捉她哥哥回去,林道乾却乐不思蜀不想回去了。于是林姑娘便和马来人打起来了,想消灭马来人以挽回哥哥的心。谁知她屡战屡败,兵败殆尽,她便羞愤交集,自缢在一棵猴枣树上,她部下有五员虎将,也一起自缢在大树上尽忠。林道乾追悔不及,便将猴枣树干雕成妹妹之像,以为纪念(至今林姑娘庙中所祀神像,就是他当年所刻)。林姑娘这种万里寻兄的伦理深情和横死悲剧,使人感动。自那以后,北大年的华人及各族善男信女,怀着崇敬的心情纷纷到林姑娘的墓地朝拜祭祀,把她奉为神明。后来,还为她修建了一座堂皇的"林姑娘庙",几百年来,香火不断。当地的《大泥府志》中也有类似记载。当然故事不可信,但故事的流传也可见林道乾在当地的影响。

▶ [林氏兄妹祠]

每年元宵节,泰南各族人民都要举行一年一度的林姑娘庆诞盛会,"林姑娘庙"所在的那条街,灯火辉煌,车水马龙,挤满了来自曼谷、新马及附近的游客。

在泰国北大年府举行的"林姑娘节"盛会上,当地群众争相触摸"林姑娘"雕像,据说手指碰到"林姑娘"可带给人们一年好运。"林姑娘节"是北大年府每年庆祝的节日。

第一个攻击西方殖民地的中国海盗
林凤

林凤是明朝时期较为出名的海盗，他曾率领手下进攻盘踞在马尼拉的西班牙殖民者，虽然最终以失败告终，但他敢于进行殖民冒险的行为还是被历史铭记。

▲ [林凤]

肆掠地方

林凤又名林阿凤，出生于现广东省潮州市饶平县，在他19岁时加入了泰老翁的海盗船队，主要活动在福建和广州附近海域，并凭借才能很快晋升到领导阶层，在泰老翁去世后，他继承了泰老翁的事业，又陆续收编了一些小股海盗队伍，很快就成为海上数一数二的大势力，最盛时他拥有300余艘船只，手下的人员达到了4万名以上。

隆庆元年（1567年），林凤攻占了广东揭阳市惠来县的神泉港，这是历史上重要的对外贸易通商港口，林凤占领这里后，开始大力开展贸易，从中获取了大量的利润。1573年12月，林凤从汕头南澳港的浅澳出发攻打汕头的澄海，大获全胜。1574年野心勃勃的林凤陆续攻击潮州和惠来县并都取得了胜利。同年4月他攻破清澜（现海南省文昌县），但是6月份他在广东被官军打败，不得不退回到福建一带，同年10月他又被胡守仁击败，被迫转移到了台湾的基隆，并在此安营扎寨。

攻击马尼拉

林凤在基隆整顿队伍期间，碰巧抓获了几艘从马尼拉返航的中国商船，船上载满了菲律宾商品、黄金和西班牙银元。而且他还从船员口中得到一个情报：菲律宾被西班牙人占领了，并且马尼拉城内防守空虚。这个消息让林凤眼前一亮，他决定带上所有人向马尼拉前进。

万历二年（1574年）冬天，林凤率领60余艘船，水陆两军4000余人，还

> 胡守仁，字子安，号近塘。明代抗倭名将，戚继光麾下重要将领之一。籍贯句容。永乐年间，胡氏先祖胡得海随明成祖起兵靖难，官至振武卫前所百户。嘉靖四十二年（1563年），二十岁的胡守仁袭祖职骁骑右卫指挥佥事，后历升把总、守备、都司掌印、参将、副总兵、总兵等职。

> 菲律宾历史上有个很出名的海盗，叫李马奔，据说是祖籍福建的华人。这名字很怪，不像中国人的名字，查遍福建地方志，也找不到这个人。大约20世纪40年代，有位学者在《燕京学报》上发表文章，指出此人叫林阿凤。

东亚海盗 | 141

[吕宋岛]

吕宋岛位于菲律宾群岛的北部,它是菲律宾面积最大、人口最多、经济最发达的岛屿。西班牙统治菲律宾时期,有的华人称吕宋岛为"小吕宋",称整个菲律宾为大吕宋。

有1500余名妇女向马尼拉进发。船队在航行途中遇到了一艘西班牙人的小船,林凤下令抢夺这艘小船,但被当地驻守的西班牙军官看见,并且军官派土著向马尼拉报信。林凤派人截获了报信的土著人,但是驻守的军官跑掉了。在快接近马尼拉的时候,林凤决定派出一支先行队偷袭马尼拉,他挑选了600多名精锐准备夜袭马尼拉。先行队急速前进,很快到达了吕宋边界,当时天色已晚,正是偷袭的好时机,但不巧的是,海上天气突变,狂风大作,巨浪滔天,先行队的一艘船被海浪掀翻,船上200余人被卷进大海。

先行队很快上岸并点燃了马尼拉岛上的房屋,但是他们进攻马尼拉城堡的

至今,菲律宾仍有伊哥罗德支那人种,据说便是追随林凤未走的中国人留下的苗裔。

行动遭受了挫折,先行队400余人连续几次进攻都被100多名西班牙人挡住了,西班牙人伤亡甚微,而林凤的队伍却损失了200多人,其手下锐气已失,这使他不得不放弃了进攻马尼拉的打算。

建国称王

林凤在进攻马尼拉失败后并没有气馁,他带领手下退到了玳瑁港,并在班诗兰建立了一个城寨,还建造了一个防御塔,依靠陡峭的山势设立了很多炮台,准备和西班牙人对抗,他在这里被拥立为王,并且和当地土著相处融洽。林凤的所作所为损害了西班牙人的利益,1575年3月,西班牙驻菲律宾总督比撒里联合明朝潮州的总领王望高对林凤进行了围剿,林凤不敌后逃走。相传他回到了台湾,并以魍港为中心,劫持过往船只,后来他又去了福建,并在福建海域被官兵击败,林凤只身逃往外洋,后来不知所踪。

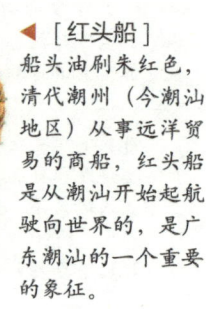 [红头船]

船头油刷朱红色,清代潮州(今潮汕地区)从事远洋贸易的商船。红头船是从潮汕开始起航驶向世界的,是广东潮汕的一个重要的象征。

金云翘传
徐海

东亚海盗

徐海是明朝嘉靖年间著名的倭寇首领之一,他极有才能,而且精于海战,娶江南名妓王翠翘为妻,后来被胡宗宪诱降,并最终被困投水而亡,两人事迹被后人编为《金云翘传》。

被迫委身倭寇

徐海年少时在杭州虎跑寺做和尚,还有个法名叫"普净",又称为"明山和尚"。后来被他叔叔徐乾学说动,远走日本投靠王直做起了生意。徐乾学原是王直的合伙人,王直的买卖做大后,他有些不甘心就出来单干,然而他的本钱不够,而是就向倭寇借了一笔钱,但是他的运气不太好,他的船队经常遇到风暴和明军,好几次血本无归,倭寇催款,无奈之下他就把侄子徐海抵押在倭寇那里。徐乾学后来还因为债务纠纷丢了性命,徐海被迫加入了倭寇才保住了一条命,从此走上了烧杀掳掠的海盗生涯。徐海这个人天分很高,极具组织才能,而且精于海战,所以他很快就脱颖而出,成为了一支有着数万人的海盗集团的首领,手下有陈东、麻叶等爪牙。

发挥军事才能

徐海的势力虽然强大了,但他依然是倭寇的棋子,但他也非常狡猾,每次带领倭寇进犯之前,他都会与对方签订合同,列明带多少人,去抢哪里,事后

▲ [徐海剧照]

分红份额等等,条款十分清晰。徐海曾与胡宗宪率领的明军在三里桥大战,双方共接战四场,前三场徐海故意退却,麻痹明军,最后一场徐海集中精锐发动反攻,明军大败,几乎全军覆没,游击将军宗礼战死。

被招降

三里桥大战后,胡宗宪意识到用武力剿灭徐海等倭寇难度太大,因而他听

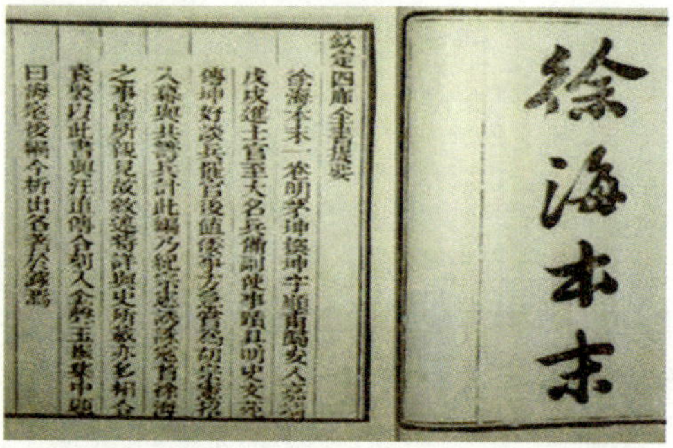

图说海洋
世界闻名的海盗

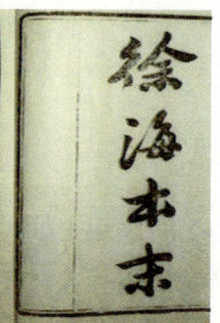

▲ [徐海本末]

关于王翠翘、徐海和罗龙文的关系，众说纷纭。有人说徐海和罗龙文之间是认识的，有人说两个人没有什么联系。历史或许没有这么精彩，而小说却需要这些素材。

取了徐渭的建议，派出徐渭的学生罗龙文去招降徐海。罗龙文和徐海是歙县同乡，他在接近徐海后，按照胡宗宪的安排实行反间计，他先以重金珍宝取得了徐海的信任，然后又挑起陈东、麻叶和徐海之间的矛盾，使他们离心离德。胡宗宪也趁机派人给徐海送了一封劝降信，

徐海看了后也给胡宗宪回了一封信，他的回信言辞非常得体，这让胡宗宪很意外，而且也似乎找到了对付徐海的办法。

胡宗宪经过多方打听，探听到徐海有个老婆叫王翠翘，她原生于官宦人家，因父亲获罪，卖身救父，后流落青楼，是当时有名的金陵名妓，王翠翘的容貌和才情都称冠一时，当时到过金陵的士大夫都争相一睹芳容，徐海也慕名而去，两人一见如故，结为了夫妇。王翠翘才思敏捷，徐海军中的大小文书都由她过目书写，徐海对她非常敬重，军中的事务也多听她的意见。胡宗宪了解到这些情况后，如获至宝，认为王翠翘是招降徐海的关键人物。很快，胡宗宪送给了徐海大量财宝，表示善意，而且在这些物品中还夹杂许多女人专用的胭脂水粉、

▲ [王翠翘]

康熙年间，有人据此事写成一部长达二十四回的长篇通俗白话小说《金云翘传》，流传广泛。这个故事甚至流传到了日本和越南。越南有一部著名的古典长诗《金云翘传》就是讲述王翠翘的传奇故事，风靡一时。

▲ [一个崇武年间在福建海岸建造的堡垒大门（约1384年建造）]

144 | 东亚海盗

珠宝首饰。他还派出一个老妇人私下对王翠翘说："徐将军如果早上投诚归顺，晚上就是大官了，你受到朝廷赏赐的诰命，衣锦还乡，难道还不如在海上为寇吗？"王翠翘毕竟是个女人，相比海上颠沛流离的生活，她更渴望安居乐业。于是她力劝徐海归降，并且让徐海设计擒拿了陈东、麻叶等人交给胡宗宪发落。

嘉靖三十五年（1556年）八月，徐海入平湖城向胡宗宪请降，城中的官员和百姓听说徐海入城了，都吓得惊慌失措，唯有胡宗宪镇定自若，徐海归降后率领手下屯于平湖城外的沈庄。

投水而亡

徐海虽然名义上归顺了，但数千倭寇屯于城外，胡宗宪知道这是很大的隐患。他一边稳住徐海，一边加紧部署兵力，同时暗令已经投降的陈东率领手下攻击徐海部。毫无防备的徐海仓皇出逃，途中负伤。第二天，官军又将徐海团团围住，徐海大喊："翠翘误我！"经过一场激战，徐海投水而亡，王翠翘被俘。徐海就这样被他以前的同伙陈东除掉了，但陈东也没有好下场，三个月后，他和麻叶一起被杀，三人的首级被送往京城，嘉靖大喜，亲自去太庙告祭祖先，以示庆贺。

传说王翠翘被俘后曾向胡宗宪请求埋葬徐海，胡宗宪不许；请求去做尼姑，还是不许，而是要将她许配给一个小兵。王翠翘对胡宗宪说道："你诛杀归顺的人，你把天道放在什么地方了？"不久之后的一天，她趁人不备，逃了出来，面对大海痛哭："明山，我辜负了你呀！"遂写诗一首，投水而死。她的诗写道：

建旗海上独称尊，为妾投诚拜戟门。
十里英魂如不昧，与君烟月伴黄昏。

王翠翘和徐海的悲剧故事引起了人们的广泛同情，被写进了许多戏曲、小说中。

▲ [被倭寇袭击－14世纪的画作]

> 明朝东南倭乱，倭寇中有多少中国人？印象中，说倭寇，多指日本人，官修《明史·日本传》里说："大抵真倭十之三，从倭者十之七。"
> 《嘉靖实录》里也说："盖江南海警，倭居十三，而中国叛逆居十七也。"
> 这是嘉靖时代关于"倭寇"的官方说法——倭人占十分之三，中国人占十分之七，倭人占主导地位。

图说海洋 世界闻名的海盗

爱看古迹保护文物的海盗
黎盛

> 黎盛是南宋时期活跃于广东的海盗，其事迹因尊敬文化、保护文物而流传下来，成为海盗中的侠盗。

黎盛是南宋初年活跃于广东的海盗头子，他和朱聪两人的海盗活动对潮州地区造成了严重破坏，黎盛甚至攻破了潮州外城，围城数月后扬长而去，而就是这样一位凶名在外的海盗在对待文化、文物方面却留下了一段美名。

南宋文学家洪迈在《夷坚志》卷十《贼敬东坡》中记载，南宋绍兴三年，即1133年，海盗黎盛攻陷潮州，在潮州城内四处纵火。黎盛登上了开元寺古塔，看到吴氏故居着火，问那边是不是苏东坡的藏书楼。得到肯定回答后，他迅速指挥部下救火，后来还料理了岁寒堂。建在藏书楼旁边的很多民房也因此都没有着火。

▲ [苏轼白鹤故居]

东坡故居位于广东省惠州市惠州西湖孤山上，苏轼离开惠州后，惠州人民便在白鹤峰东坡故居建东坡祠，又陆续建朝云堂、德有邻堂、思无邪斋、浚朱池墨沼等。东坡故居（祠）抗战时被日寇飞机炸毁，故居内东坡井尚存，是北宋文豪苏轼（东坡）寓惠州的重要遗址。

岛寇作乱
大奚山徐绍夔

南宋宁宗庆元年间，广州大奚山列岛居民发动了反抗官府的武装斗争，时人称"岛寇作乱"。

大奚山位于广州东莞东南海大海中，是粤洋中路较为重要的岛屿。据《仓格军门志》记载，大奚山"居民不事农桑，不隶征徭，以鱼盐为生"。

南宋初年，朝廷于九龙湾一带设立官富场，管理当地产盐事务，为当时南海郡东莞县四大盐场之一。另一方面，邻近官富场的大奚山是徭民居住之地，以渔盐为业。虽然朝廷严禁私盐贩卖，但初时只采取怀柔政策，因而对打击私盐的收效不大。

宋孝宗淳熙十年（1183年）五月二十九日，皇帝下诏："大奚山私盐大盛，令广东帅臣递送节次，已降指挥，常切督责弹压官并澳长等，严行禁约。"明令打击大奚山私盐，引起当地居民强烈不满，遂起叛乱之心。

南宋庆元三年（1197年），提举茶盐徐安国派人到大奚山捕私盐人，岛寇徐绍夔等人率众抗拒，"啸聚为盗""时贼势猖獗"，官府束手无策，官军无力

> **官富场**：是南宋朝廷在现今香港九龙东部一带所设的官方盐场，也是观塘区的名称由来。
>
> **提举茶盐**：宋代官职名。仅在北宋末、南宋初短期存在。宣和七年二月，诏令改"提举盐香茶矾事"为"提举茶盐公事"。南宋绍兴五年（1135年），诏令常平司并入茶盐司，绍兴十五年，规范其主官名为"提举常平茶盐公事"。

讨捕。福建莆田人郑岳，向时任知广州的钱之望建议，奏请朝廷调动善于海战的福建延祥寨水军，攻剿大奚山岛寇。

南宋庆元四年（1198年）八月，朝廷差遣延祥将商容统领福建水军开赴广南，直指大奚山。最终在商容的指挥下，水军大破大奚山海盗船队，大奚山岛寇反乱平息。

◀ ［大奚山（今天大屿山）大佛］
宋朝时，大屿山和香港岛等岛屿合称为大奚山，大屿山亦称大溪山、大楷山、大鱼山、大渔山、大庚山、南头岛、烂头岛、屯门岛、大蚝山和大濠岛等。

东亚海盗

山东海盗扰辽东
張清

宋南宁初年，山东是北上南下的重要航海枢纽，海盗张清凭借此航道率领船队行驶到辽东，在金国腹地发动反抗斗争。

宋代时，山东密州、登州、莱州等地，开辟了许多通往辽东的航线。山东作为南北水陆的交通枢纽，海南商船和蕃舶载货到达这里，再转运往辽东。作为靠海吃海的海盗，对这些航道是非常熟悉的，尤其到了南宋初年，这些航道成为了对抗金兵的重要战场。

绍兴元年（1131年），金兵渡河，山东义军统帅范温"率众驾船入海，据守福岛，每遇金贼，攘战获功"。义军在海上开辟了抗金战场，屡败金兵，义军立战功而补官者数百人。抗金的义军中，不仅有宋兵，还有海盗的支援。义军据守海岛，处于守势；而海盗张清则率领武装船队主动进击。

绍兴元年（1139年），张清率领船队直捣金国后方，在辽东燃起抗金烽火，据宇文懋昭《大金国志》记载："山东海寇张清乘海船至辽东，诈称宋师，破蓟州。辽东士民及南宋被掳之人，多相率起兵应清者，辽东大扰。"

上文就是讲张清率领众海盗航海直捣辽东，破蓟州，他打出"宋师"的旗号，

▲ [张清画像]

辽东士民及南宋被俘送到辽东的人纷纷起义响应，金国后院起火，沉重打击了金国统治集团。

可惜的是，张清未能利用有利的时机和形势，却匆忙"率众复归"，辽东反金武装起义随即被金国官兵扑灭。

> 在《水浒传》中也有个张清，他擅用飞石，曾连打梁山十五员战将。在梁山排第十六位，上应天捷星，担任马军八骠骑兼先锋使。征四寇时屡立战功。征方腊时战死于独松关，追封忠武郎。
> 民间还有一种说法：张清并未战死而是受了重伤，一直躲在百姓家中疗伤。伤愈后，梁山已经被灭，他就做了海盗，就是此文中的海盗张清。

反对舶司开展对外贸易
陈明甫

陈明甫，崖州（今三亚市）人，南宋鹿回头水寨寨主。早年在崖州郎凤岭下海边凿石为栏，栏围长数十丈，养殖玳瑁。

宋代，广南是对外交通贸易的重要港口城市，陈明甫和陈公发想借海上商道发横财，无奈朝廷设立市舶司垄断海上贸易，二陈刀口生胆，组织起一股武装力量在广南西路海上专抢官商货船。

他们以广南为据点发展船队，一方面保护附近私人船队自由贸易，一方面截击官船、外船。附近五十余村落均在其势力范围内，定期向他们纳税。

陈明甫、陈公发占据鹿回头等要塞及重要商贸港口，建立连珠寨，自号"三巴大王"，周边的所有海上事宜均需要他们的允可与配合。他们驾驶双头龙船，身穿朝服，用朝廷礼制。他们掠夺财物，贩卖人口，沿海人们无以宁息。他们经常"出没海岸"，并"敢于剿灭朝廷之舶货"，导致商贾胆怯不敢出海贸易，使诸司舶务殆为虚设。

当时官吏弹压黎酋，黎族百姓深受

> **市舶司**：中国在宋、元及明初在各海港设立的管理海上对外贸易的机构，相当于现在的海关，是中国古代管理对外贸易的机关。

▲ ["鹿回头之源"石刻]

三亚被称为鹿城，"连珠寨"是临川黎族人陈明甫、陈公发为对抗朝廷而建立的，辖50余村镇，甚至与东南亚各国有商贸往来，拥有多艘渔船、商船、战船，也常袭击在南海过往的官船、商船。他们的大本营就设立在现今鹿回头半岛。

其害，二陈才能在其中将其与崖州各地百姓连成一片，令官军"不敢兴问"。咸淳六年（1270）春，海南黎民暴动，朝廷派遣钦州太守马成旺率军南征，马成旺后任琼州知府，派其子马抚机领兵至临川港，陈明甫以数十兵船迎战，后因退潮水涸，官兵攻入连珠寨，陈明甫先败走黄流，后逃往占城。不久又复回

东亚海盗

▲ [崖州古城]

招兵造船，再与官军较量，经多次水战，寡不敌众，二陈率众开始逃亡生涯，其中陈公发在上江峒被生擒，陈明甫则在撤回南村后与孙儿一起被捕。

官府对陈明甫和陈公发毫不手软，二陈被捕后，遭到钩脊挂杆示众的刑罚，更为残酷的是继而对他们悬髻、窒吭、穿足、钉手、炮烙皮肤、削割体肉。可见朝廷对于陈明甫、陈公发两人的深恶痛绝。

二陈抗击官府，据港为基地，自建武装，招募人员，大规模进行民间自由贸易，在历史上尚属首次。

陈明甫、陈公发自咸淳三年（1267年）踞崖州临川镇为乱始，历经八年，于咸淳十年（1274年）终被马抚机率军剿灭。之后，海南岛虽仍有海盗出没，却再无如此之势。

> 《崖州志·卷二》记载："豪霸岭，城（现崖城镇）东一百一十里，临川港上，以土贼陈明甫父墓在此，得名。"当时陈明甫称雄一方，他的父亲亡故。他兄弟俩特地请来风水先生选择这座靠近临川港池的高山卜葬，后人因此称此山为"豪霸岭"。

元代海漕航运开拓者
朱清

元朝建都大都，京城的粮食需求量大，同时元朝初年还不断进行对外战争，也需要供应大量的军粮。这些粮食，主要取自江浙地区。至元十九年（1282年），元朝政府命罗璧、朱清、张瑄等监造海船六十艘，招募漕丁漕夫，开辟海道运输。

朱清（1237—1303年），字澄叔，元崇明（今属上海市）姚刘沙人。幼年时期便跟随其母以捕鱼为业。家境贫寒，地位低下，被诋为"少年无赖"。后在富豪杨氏家当佣工。因不堪杨氏欺辱，愤恨之下，杀死杨氏。逃到海上，贩卖私盐，兼为海盗。

贩卖私盐，兼为海盗

一日，朱清贩私盐入吴淞江，到新华镇换米，遇张瑄，两人相谈甚欢便结为兄弟，一起从事贩卖私盐等营生。

朱、张后被巡盐吏逮捕，押送到平江（今苏州）军狱，依法当死。提刑官洪起畏见二人才貌不凡，便上奏请求释放他们。"以吏部侍郎左选七资最下一等授之，为防海义民，隶提刑、节制水军。"但朱清、张瑄被释放后，"仍镖掠为盗"。当地官兵追捕他们时，二人便扬帆入海，"引舟东行，三日夜，得沙门岛"。他们聚众数千人，海船五百艘，常年在海上活动，非常熟悉从通海到胶莱南北海道，府衙官兵对他们也是无可奈何。

▲ [明嘉靖《太仓州志》中关于朱清的记载]

运河漕运，常因天旱水浅，河道淤塞不通，致使漕船不能如期到达。为了克服河运的困难和补助河运的不足，元朝统治者便对另一条漕运干线——海道，给予更大的重视。

建议朝廷由海上运粮

元初，江南地区的粮食主要通过运河运到大都。整条线路迂回曲折，时通时塞，严重影响了京都地区的粮食供应，致使元都经常出现粮食供应短缺的情况。

至元十九年（1282年），朱清和张瑄建议朝廷由海道运输江南米粮。忽必

东亚海盗 | 151

烈采纳了二人的建议，任命朱、张为海上运粮万户，建造海船六十艘，专掌此事。从这年年底江南米粮就开始由海上运输到大都。

"天下第一码头"

朱清在十多年的海运生涯中，因"海路险恶"，曾先后3次改变海运航道，充分利用信风、海流，使海运既确保安全，又便利快捷。特别是至元二十九年（1292年）他与殷明（《元史》《明史》均作殷明略）一起"踏开生道"，即开辟海运新航路，自刘家港入海，至崇明三沙放洋，经佘山，进入万里长滩，过青水洋、黑水洋，转过成山，直达大沽，这要比以往的海道更为便捷。

"自浙西达京师，不过旬日" "一岁之中，往返两运"。自从朱清开辟刘家港通往大沽的海道后，太仓南门刘家港顿时商船云集，"旧本墟落，居民鲜少"的穷乡成为"番反间处，闽广混居"的巨市，琉球、日本、高丽等国商船均进港贸易，号称"六国码头""天下第一码头"。

富甲一郡

朱清因从事海运，富贵显赫、权倾一时，其田地、房屋、粮仓遍布东南"八路十五州"。除了太仓的花园堂，苏州也有以朱、张命名的朱张巷（今邾长巷）。《吴郡续志稿》称，朱、张"两家第宅遍吴中，今朱张巷其故地也""主海运，

> 至元二十八年（1291年）朱清升为昭勇上将军、海道都漕运万户府万户，于是阖家移居太仓。
> 元贞二年（1296年），朱清升任河南参政、资善大夫。
> 大德三年（1299年），朱清升为大司农。
> 元大德四年（1300年），又升任江南行省左丞，赐玉带。

▲ [朱清，张瑄]
朱清，张瑄二人结为兄弟一起贩卖私盐，兼为海盗。

富甲一郡，同营广厦于此"。邾者，相传朱清妻子姓邾。《析津志》中还记载，朱清、张瑄曾向元朝皇帝忽必烈表示"愿出家资以砖石包敷（大都）内外城墙"，其筑城的一片诚心，堪与数十年后的沈万三媲美。

> 实行海道运粮后，便利了江南地区粮食的北运；漕船返回时，又将北方的豆、谷和土特产品（梨、枣等）运载到南方，这对当时南北物资的交流起了一定的促进作用。但是，由于当时对海上气候的变化还不能有效地掌握，海道线路的情况也不够熟悉，因此，海道运输是十分艰险的。在风、雾和海盗的袭击下，每年都有大量的漕丁漕夫葬身海底，运粮船只大量沉没；粮食损失，平均每年以十多万石计。

有史以来悬赏最高的海盗
陈祖义

陈祖义，是明初著名的海盗首领，其祖籍广东潮州，明朝洪武年间，曾盘踞在马六甲十几年，最鼎盛时手下超过万人，后又成为渤林邦国国王，和郑和在巨港大战后被俘，后被明成祖下令斩首示众。

▲ [陈祖义剧照]
陈祖义是明初著名的海盗头目，在永乐年间，郑和将陈祖义抓捕回明朝，被明成祖下令斩首示众。

陈祖义是明初最著名的海盗首领，其祖籍广东潮州，明朝洪武年间，全家逃到南洋入海为盗。他曾盘踞马六甲十几年，成为世界最大的海盗集团头目之一，其手下成员鼎盛时期超过万人。主要活动在日本、我国台湾、南海、印度洋等地。陈祖义劫掠超过万艘的过往船只，攻陷过五十多座沿海城镇，南洋一些国家甚至向其纳贡。明太祖朱元璋曾悬赏50万两白银捉拿他，一直未能成事，到了永乐时期的悬赏金竟然达到750万两（当时明朝政府每年的收入也仅仅1100万两），这使陈祖义成为有史以来悬赏金最高的通缉犯。

"海盗王"陈祖义后来跑到三佛齐（今印度尼西亚的巨港一带）的渤林邦国，在国王麻那者巫里手下当上了大将。国王死后，他召集了一批海盗，干脆自立为王，成为了渤林邦国的国王，完成了从海盗到帝王的华丽转身。这样的成就，恐怕在世界海盗史上也是绝无仅有的。

陈祖义当上国王之后，还一度向大明帝国纳贡称臣，可很多贡品并不是在本国港口准备好的，而是空船出发，一路抢，抢到什么送什么。回国的时候，他也不落空，又是一路抢回去。最让永乐皇帝受不了的是，他不但抢西洋诸小国的船，连明朝的使船也抢。而且，实行的是三光政策，抢光、杀光、烧光。据《瀛涯胜览旧港记》记载，陈祖义为人"甚是豪横，凡有经过客人船只，辄便劫夺财物"。

1407年，第一次下西洋的郑和船队在回航时抵达旧港（现印度尼西亚的巨港）。陈祖义认定郑和的船队"有宝物"在船上，于是派人向郑和表示他想投诚，其实陈祖义是想诈降，然后一举抢夺郑和的船队。虽说陈祖义的人数和船只数量都不及郑

东亚海盗

图说海洋

世界闻名的海盗

▲ [郑和宝船]

公元1405—1433年间，郑和七次下西洋乘坐的宝船。其长达140米，宽达60米，船队有大小船只200余艘。郑和宝船的主战武器为火炮。这样行动迅速的巨型战舰，外加杀伤力极强的火炮，在当时的世界海洋上难有对手。

和，但他鼓动部下说："明朝的船队虽众，但操船者初涉远洋，大多为河塘之师；明朝的船虽大，但行动迟缓，且不熟地形；明朝的水师虽强，但多年未战，骄兵，且以马步兵为主。"

更重要的是，陈祖义根本瞧不起郑和：太监算什么东西呀，而且这个太监还是靠陆战出名的。陈祖义没有料到，郑和对陈祖义早有提防，因为郑和船队经过占城以后，一路上听到的都是对陈祖义的投诉。更重要的是，陈祖义的阴谋被旧港一个叫施进卿的中国人知道了，他把消息告诉了郑和。郑和将计就计，命令船队准备应战。

陈祖义率众海盗来袭时，郑和早有准备，他用火攻烧毁海盗船，杀海盗5000余人，烧毁敌船10艘，缴获7艘，并将陈祖义活捉。此次战后，"海道由此而清宁，番人赖之以安业"。

永乐五年（1407年）九月，郑和回国，并把陈祖义押回朝廷，皇帝朱棣下令当着各国使者的面杀掉了陈祖义，并斩首示众，警示他人。

▲ [银币－郑和]

郑和（1371—1433年），明朝太监，原姓马，名和，小名三宝，又作三保，云南昆阳（今晋宁昆阳街道）宝山乡知代村人，明代著名航海家、外交家。

郑和七下西洋，除了几次小规模的陆上摩擦外，遭遇的真正海战只有一次：巨港海战，对手就是海盗头子陈祖义。

154 | 东亚海盗